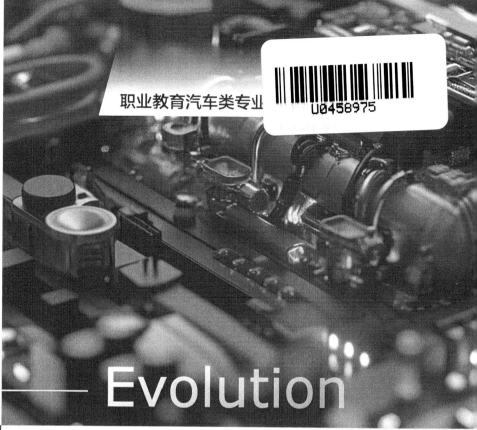

Technology

职业教育汽车类专业

U0458975

Evolution

汽车发动机

电控技术

王勇　张雪　李宗勋　主编

首都经济贸易大学出版社
Capital University of Economics and Business Press
·北京·

图书在版编目（CIP）数据

汽车发动机电控技术 / 王勇，张雪，李宗勋主编. --
北京 ： 首都经济贸易大学出版社，2025. 1. -- ISBN
978-7-5638-3775-5

Ⅰ. U464

中国国家版本馆 CIP 数据核字第 2024P32Z49 号

汽车发动机电控技术

QICHE FADONGJI DIANKONG JISHU

主 编 王 勇 张 雪 李宗勋

责任编辑　王　猛
封面设计　风得信·阿东
　　　　　FondesyDesign
出版发行　首都经济贸易大学出版社
地　　址　北京市朝阳区红庙（邮编 100026）
电　　话　（010）65976483　65065761　65071505（传真）
网　　址　http://www.sjmcb.cueb.edu.cn
经　　销　全国新华书店
照　　排　北京砚祥志远激光照排技术有限公司
印　　刷　北京九州迅驰传媒文化有限公司
成品尺寸　185 毫米×260 毫米　1/16
字　　数　342 千字
印　　张　17
版　　次　2025 年 1 月第 1 版
印　　次　2025 年 1 月第 1 次印刷
书　　号　ISBN 978-7-5638-3775-5
定　　价　55.00 元

前 言

为深入贯彻《国务院关于加快发展现代职业教育的决定》精神，积极推进课程改革和教材建设，我们依据人社部工学一体化汽车类相关专业教学标准，并结合汽车维修企业生产实际和常见生产任务编写了《汽车发动机电控技术》。

本书针对职业教育的特点和规律，围绕高素质技能型人才的培养目标，按照以能力为本位、以工作过程为导向、以任务为驱动的教学模式编写。参与本书编写的人员有来自一线的授课老师、企业的相关负责人、维修行业的维修专家，他们都有非常丰富的教学实践经验、实战经历。在编写过程中，紧紧围绕高素质技能型人才的培养目标，并结合当前汽车维修企业的实际典型案例，以由浅入深、循序渐进的方式讲解。本书内容难易程度适中，符合职业院校学生的认知发展规律。

本书以模块为教学单元编写，全书共 6 个模块，17 个实训工作任务，基本涵盖汽车发动机电控技术的常见内容。每个模块包含若干典型工作任务，模拟企业的工作过程。同时，采用大量的图片辅助讲解，并将 7S 管理融入实际操作过程中。任务操作以具有代表性的汽车发动机电控技术为例，将实际操作步骤详细列出，并注明操作规范和注意事项，这样可以使绝大多数学生一看便会、一学便知。

为了方便教学，本书配套有习题、学生工作手册，以及电子课件和教案等教学资源。

本书编写过程中，得到了孔军老师和相关企业汽车维修人员的宝贵支持，并参考借鉴了相关文献，在此一并表示诚挚的感谢！

由于编者水平和经验有限，书中难免有不妥之处，敬请广大读者批评指正。

目 录

模块一　汽车发动机电控技术概述

发动机电控技术概述与工作安全、工作准备模块主要包括三个学习项目：发动机电控系统概述、安全防护用具的认识与使用、常用仪器的认识与使用。

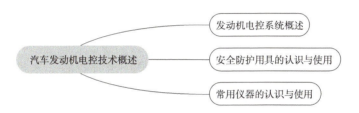

项目一　发动机电控系统概述

【项目目标】

知识目标：

1. 了解汽油机和柴油机电子控制技术的发展历程
2. 了解发动机电子控制系统的主要功能
3. 了解汽油机燃油喷射系统的分类

技能目标：

1. 能描述发动机电控技术的发展趋势
2. 能说出发动机电子控制系统的组成及其作用
3. 能根据实物说出汽油机燃油喷射系统的名称

素质目标：

1. 在操作过程中树立安全意识
2. 通过制定检测与维修流程，具备分析问题、解决问题的能力
3. 能在工作结束后按照 7S 管理规定整理、恢复作业场地，养成良好的工作习惯
4. 通过学习我国电控发动机的历史发展，使学生拥有爱国之心、奋斗之情

【任务描述】

现代汽车发动机大多采用电子控制技术，发动机电子控制技术是如何发展起来的？今后发动机电子控制技术将向什么方向发展？发动机电子控制系统主要由哪些部件组成？它有哪些控制功能？汽油机燃油喷射系统是如何分类的？

【获取信息】

要掌握上述这些知识，必须了解发动机电子控制技术的发展史，认识发动机电子控制系统的组成，了解汽油机燃油喷射系统的分类。

一、发动机电子控制技术的发展史

汽车是由发动机、底盘、车身和电气设备四部分组成的。汽车电气设备包括汽车电器与汽车电子控制系统两部分。汽车电子控制系统由传感器、电器开关、电子控制单元和执行器等组成，包括发动机电子控制系统、底盘电子控制系统和车身电子控制系统等子系统。汽车电子控制技术最早应用在发动机上，汽油机电子控制技术是电子

汽车发动机
电控技术

技术应用在汽车上的主要标志。

汽车电子控制技术发展的根本原因有两个：一是电子技术水平不断提高，这是汽车电子控制技术发展的基础；二是全球面临能源紧缺、环境保护和交通安全问题，促使汽车油耗法规、排放法规不断完善，促进了汽车发动机电子控制技术的发展，汽车安全法规则促进了汽车底盘和车身电子控制技术的发展。

二、汽油机电子控制技术的发展史

汽油机电子控制技术的发展历程是伴随着汽油机燃油供给技术的发展而来的。为适应降低汽油机燃油消耗和有害物排放量的要求，汽油机燃油供给技术从机械控制汽油喷射到发动机集中管理系统，又到目前正在迅猛发展的缸内直喷技术。

1934年，德国怀特（Wright）兄弟发明了向发动机进气管内连续喷射汽油来配制可燃混合气的技术，并研制成功了第一架采用燃油喷射式发动机的军用战斗机。

1952年，德国博世（Bosch）公司研制成功了第一台机械控制缸内喷射汽油机，并将其成功地安装在戴姆勒-奔驰（Daimler-Benz）300L型赛车上。

1958年，德国博世公司研制成功了机械控制进气管喷射汽油机，并成功地将其安装在梅赛德斯-奔驰（Mercedes-Benz）220S型轿车上。

从20世纪50年代开始，美国、欧洲和日本先后颁布了对汽车有害物排放进行限制的各种法规；20世纪70年代的能源危机推动了对汽车燃油消耗进行限制的法规的颁布。这些法规的颁布，推进了以环保和节能为主要目标的电子控制汽油喷射技术的发展，同时也加快了汽车电子控制技术发展的进程。

1953年，美国本迪克斯公司（Bendix）开始研制由真空管电子控制系统控制的汽油喷射装置，并在1957年研制成功。该系统根据进气压力，由设在各个节气门前的喷油器与进气行程同步喷油，遗憾的是该专利技术并未被推广应用。

1967年，德国博世公司根据美国本迪克斯公司的专利技术，开始批量生产利用进气歧管绝对压力信号和模拟式计算机来控制发动机空燃比（A/F）的D型燃油喷射系统（D-Jetronic），并将其装备在德国大众（Volkswagen）汽车公司生产的VW-1600型和奔驰280SE型轿车上，率先达到了当时美国加利福尼亚州的排放法规要求，开创了汽油发动机电子控制燃油喷射技术的新时代。D型燃油喷射系统用电子电路控制喷油器阀门的开启时刻与开启时间。

1973年，德国博世公司在D型燃油喷射系统的基础上，研制出L型燃油喷射系统（L-Jetronic）。L型燃油喷射系统利用翼片式空气流量传感器直接测量进气管内进入发动机的空气的体积流量，与利用进气歧管绝对压力来间接测量进气量的D型燃油喷射系统相比，检测精度和控制精度大大提高。

在电控汽油喷射系统开发和不断完善的过程中，汽油机电控点火系统的研究开发也取得了重大进展。1973—1974 年，美国通用（General）汽车公司生产的汽车装上了集成电路 IC 点火控制器。1975 年，高能点火装置 HIC 点火控制器投入实际应用。

1976 年，美国克莱斯勒（Chrysler）汽车公司研制成功了微机控制点火系统——电子式稀混合气燃烧系统（ELBS）。该系统由模拟计算机对点火进行控制，根据大气压力、进气温度、发动机冷却液温度、发动机负荷与转速等信号计算出最佳点火时刻，可以控制 200 多个参数，对实际点火提前角进行最佳控制。

1977 年，美国通用汽车公司研制成功了数字式点火控制系统。该系统由中央处理器（CPU）、存储器（RAMROM）和模/数（A/D）转换器等组成，是一种真正的计算机控制系统。1978 年，美国通用汽车公司研制成功了可同时进行点火时刻控制、空燃比反馈控制、废气再循环控制、怠速转速控制、故障自诊断和带故障运行控制功能的电子控制系统。

1979 年德国博世公司在 L-Jetronic 系统的基础上，将电控点火系统和电控燃油喷射系统组合在一起，采用数字计算机进行控制，开发出了 M-Motronic 系统，即发动机集中管理系统。发动机集中管理系统将所有发动机运行控制和管理的功能集中到一个微机上，消除了以前单一控制系统按控制功能设置控制单元和传感器的弊病，对于不同控制功能共同需要的传感器，只要设置一个就能满足控制要求，不仅简化了控制系统，降低了制造成本，而且提高了控制系统的工作可靠性。此外，发动机集中管理系统使增加控制功能变得非常容易：只需修改控制软件，并增设一个输出转换装置以便控制所需的执行器工作，就能实现系统控制功能的拓展。发动机集中管理系统用一个电控单元完成多项控制功能的设计思想，不仅符合当时的使用要求，而且也与发动机电控系统进一步发展的时代要求相吻合。此后，世界各大汽车公司均开发出了各自的发动机集中管理系统。

1979 年，日本日产（Nissan）汽车公司研制成功了集点火时刻控制、空燃比反馈控制、废气再循环控制和怠速转速控制于一体的发动机集中控制系统（ECCS），该系统具有自诊断功能，装备在 Cedric 牌和 Gloria 牌轿车上。

1980 年，日本丰田（Toyota）公司开发出了具有汽油喷射控制、点火控制、怠速转速和故障自诊断功能的丰田计算机控制系统（TCCS）。同年，日本三菱（Mitsubishi）汽车公司研制成功了采用卡尔曼涡流式空气流量传感器的电子控制燃油喷射系统（ECI）。

1981 年，德国博世公司在 L-Jetronic 系统基础上，开发出了 LH-Jetronic 系统，该系统采用新颖的热线式空气流量传感器，能直接测出进入发动机空气的质量流量。1987—1989 年，该公司又相继开发出了用于中小型乘用车的电控单点汽油喷射系统，即 Mono-Jetronic 系统和 Mono-Motronic 系统。

20 世纪 90 年代，为了满足更加严格的排放指标和根据《京都议定书》确定的分阶段降低汽车 CO_2 排放量的要求，世界各主要汽车公司除了逐步增加发动机集中管理系统的控制功能以满足当时排放法规的要求外，还加大了能满足未来法规要求的其他技术开发力度，尤其是缸内直喷技术。1995 年，日本三菱汽车公司公布了电控缸内直喷汽油机（GDI）系统，采用汽油缸内直喷技术，可以实现汽油机的分层稀薄燃烧。然而由于当时技术并不成熟，因此也造成该系统低速时的 NO 排量相当惊人，随即被许多注重环保的国家拒于门外，其发展速度也因此而减缓。2001 年，德国大众集团研制出独有的 FSI（Fuel Stratified Injection）缸内直喷系统。此外，还有凯迪拉克的 SIDI 双模直喷发动机、奔驰的 CGI 直喷发动机、马自达的 DISI 直喷系统等。在此期间，德国博世公司也开发成功了具有节气门控制功能的 ME-Motronic 系统和采用缸内直喷技术的 MED-Motronic 系统。

我国在轿车汽油机电子控制技术应用方面起步较晚。1994 年，上海大众推出采用 D-Jetronic 电控汽油喷射系统的桑塔纳 2000 型轿车。2000 年，我国政府规定 5 座以下的化油器式发动机汽车自 2001 年 1 月 1 日起停止生产。此后，电控燃油喷射发动机得到快速发展，到 2002 年底，桑塔纳、别克、帕萨特、捷达、红旗等国产轿车汽油机已全部采用发动机电子控制系统。

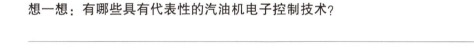

想一想：有哪些具有代表性的汽油机电子控制技术？

_____

_____

三、柴油机电子控制技术的发展史

20 世纪 70 年代，各汽车厂家相继研制出柴油机电子控制系统。此时柴油机电子控制系统以原有的机械控制循环喷油量和喷油定时的控制原理和方法为基础，在对喷油基本结构不进行重大改变的条件下用电子控制的电液式或电磁式线位移或角位移驱动机构，取代了原来的机械式调速机构和喷油提前调整装置，从而实现了对循环喷油量和喷油定时的电子控制。典型的产品有德国博世公司开发的采用电液式喷油定时和电子调速器的直列柱塞式电控喷油泵和电控 VE 分配泵，具有喷油量和喷油定时基本控制功能和怠速控制、喷油定时反馈控制及故障自诊断等扩展功能的电控系统；日本杰克赛尔（Zexel）公司研制的可变预行程直列柱塞式电控喷油泵和相应的电控系统；英国卢卡斯（Lucas）公司的电控径向柱塞分配泵等。

20 世纪 80 年代，在汽油机电子控制技术的带动下，柴油机电子控制技术进入了全面发展阶段。最初开发的柴油机电子控制技术经过改进和完善，各类电控喷油泵的可控性有了很大的提高。基于时间控制方式的新型电控喷油泵和高压喷射系统的开发取得了巨大成功。其中的典型产品有第二代电控 VE 分配泵 ECD-Ⅱ、德国博世公司改进的 H 系列可变预行程直列柱塞式电控喷油泵、美国 DDC 公司开发的 DDRC 电控泵喷嘴喷油系统、日本电装 Denso 公司开发的 ECD-U2 电控高压共轨式喷射系统、美国卡特彼勒（Caterpillar）公司开发的 HEUI 液力增压式电控喷油系统等。

电控技术在柴油机中的应用降低了柴油机污染物的排放量，提高了车辆的动力性和经济性，改善了发动机的运转平稳性。目前，我国的柴油机电控技术也进入了实际应用阶段。

> **想一想：** 有哪些具有代表性的柴油机电子控制技术？
>
> _____
>
> _____

四、发动机电控技术的发展趋势

从汽油机和柴油机电控技术的发展历程来看，汽车发动机电控技术快速发展的根本动力是具有法规效力的强制性排放标准的颁布。随着汽车保有量的快速增加，汽车污染问题日益严重，汽车污染物排放法规会越来越严格，未来汽车发动机电子控制技术仍将把按规定时间达到规定排放标准作为主要发展方向。同时，面对新能源汽车的发展，降低汽油机的能耗也已经成为汽车界当前必须要解决的问题。

发动机集中管理系统仍是发动机电子控制技术首选的控制模式，但是随着 32 位微机甚至 64 位微机在发动机管理系统中的应用和数据通信方式的改变，发动机集中管理系统的控制功能将进一步拓展到整个动力总成系统的控制和管理，控制方式将从现在的被动控制向主动控制转变，控制功能和内容逐步增加，过去无法实现的控制功能（如发动机燃烧过程的控制等）将得以实现。

为了满足更严格的排放法规及减少 CO_2 排放的要求，汽油机缸内直喷技术、分层稀薄燃烧控制技术将是汽油机技术发展的重要方向。为了实现分层稀薄燃烧，除了需要对汽油机本身的结构进行重大改进外，还需要进一步完善电控系统的控制功能。电控系统需要新增的主要控制功能有：

（1）喷油规律的控制，包括喷油定时、喷油量和喷射方式（是一次喷入还是分若干次喷入）。

（2）可燃混合气浓度分布控制，即通过对配气正时、纵向进气涡流强度的控制，结合喷油规律达到以往不可能实现的理想混合状态，以实现可控分段燃烧。

（3）输出扭矩控制，与柴油机类似，通过控制喷油量来改变发动机的输出扭矩，实现从发动机开始就能对变速器和整车行驶进行控制。

（4）可变废气再循环（EGR）控制，即根据汽油机的运行工况和可燃混合气分层情况，实现可变 EGR 控制等。对于柴油机而言，为了满足氮氧化物和颗粒物（PM）排放标准的要求，需要开发采用单段预混燃烧（MK）或在使用率高的部分负荷区域采用"低温预混燃烧"（M-Fire 燃烧）的新型柴油机。

四元催化净化装置的研究和开发将是柴油机技术的重要发展方向之一。为了实现单段预混燃烧，除了需要对柴油机的结构和喷油系统进行重大改进外，电控系统还需增加以下控制功能：喷油规律控制（喷油定时、喷油量和喷射速率控制等）、燃烧过程反馈控制、进气涡流控制、配气正时控制等。

习题

（一）填空题

1. 汽车是由_____、_____、_____和_____四部分组成的。

2. 汽车电气设备包括_____与_____两部分。

3. 汽车电子控制系统由_____、_____、_____和_____等组成。

4. 汽车电子控制技术最早应用在_____上，汽油机_____是电子技术应用在汽车上的主要标志。

_____

_____

（二）判断题

1. 1935 年，德国怀特兄弟发明了向发动机进气管内连续喷射汽油来配制可燃混合气的技术。　　　　　　　　　　　　　　　　　　　　　　　　　（　　）

2. 1973 年，德国博世公司在 D 型燃油喷射系统的基础上，研制出 L 型燃油喷射系统。　　　　　　　　　　　　　　　　　　　　　　　　　　　　　（　　）

3. 1975 年，高能点火装置 HIC 点火控制器投入实际应用。　　　　　（　　）

4. 1977 年，美国克莱斯勒汽车公司研制成功了微机控制点火系统——电子式稀混合气燃烧系统。　　　　　　　　　　　　　　　　　　　　　　　（　　）

（三）选择题

1. 美国克莱斯勒汽车公司研制的电子式稀混合气燃烧系统可以控制（　　）多个

参数，对实际点火提前角进行最佳控制。

A. 100   B. 200

C. 300   D. 400

2. 20 世纪 80 年代，（　　）公司开发了 HEUI 液力增压式电控喷油系统。

A. 德国   B. 美国

C. 法国   D. 英国

3. （　　）集中管理系统仍是发动机电子控制技术首选的控制模式。

A. 发动机   B. 底盘

C. 车身   D. 电气设备

4. 汽油机缸内（　　）、分层稀薄燃烧控制技术将是汽油机技术发展的重要方向。

A. 直喷技术   B. 间接喷技术

C. 循环喷   D. 间歇喷

5. （　　）净化装置的研究和开发将是柴油机技术的重要发展方向之一。

A. 四元催化   B. 三元催化

C. 两元催化   D. 五元催化

（四）名词解释

1. 四元催化净化装置

2. 直喷技术

（五）简答题

1. 简述汽油机燃油喷射系统的分类。

2. 简述汽车电子控制技术发展的根本原因。

项目二　安全防护用具的认识与使用

【项目目标】

知识目标：

1. 了解安全防护用具的种类？

2. 掌握安全防护用具的使用方法

技能目标：

1. 能根据不同故障原因，选择合理的安全防护用具

2. 能在检测中正确使用安全防护用具

素质目标：

1. 在操作过程中树立安全意识

2. 通过制定检测与维修流程，具备分析问题、解决问题的能力

3. 能在工作结束后按照 7S 管理规定整理、恢复作业场地，养成良好的工作习惯

4. 通过宣传先进典型、劳动模范和技能竞赛获奖选手在各自岗位上拼搏奋斗的故事，大力弘扬劳模精神、工匠精神，激励广大青年走技能成才、技能报国之路

【任务描述】

一辆 2018 款大众速腾轿车出现故障，作为一名维修工，在维修前该选择哪些安全防护用具？如何使用这些安全防护用具？

【获取信息】

一、安全帽

安全帽，是指对人头部受坠落物及其他特定因素引起的伤害起防护作用的帽子（见图 1-1）。

图 1-1　安全帽

（一）组成结构

安全帽由帽壳、帽衬和下颏带三部分组成。

1. 帽壳

它是安全帽的主要部件，一般采用椭圆形或半球形薄壳结构。这种结构在冲击下会产生一定的压力变形，材料的刚性性能使安全帽可以吸收和分散受力，表面光滑与圆形曲线易使冲击物滑走，从而减少冲击的时间。根据需要可加强安全帽外壳的强度，外壳可制成光顶、顶筋、有沿和无沿等多种款式。

2. 帽衬

它是帽壳内直接与佩戴者头顶部接触部件的总称，其由帽箍环带、顶带、护带、托带、吸汗带、衬垫及拴绳等组成。帽衬的材料可用棉织带、合成纤维带和塑料衬带制成。帽箍环带在佩戴时紧紧围绕人的头部，带的前额部分衬有吸汗材料，具有一定的吸汗作用。帽箍环带可分成固定带和可调节带两种，帽箍有加后颈箍和无后颈箍两种。顶带是与人头顶部相接触的衬带，顶带与帽壳可用铆钉连接，或用带的插口与帽壳的插座连接，顶带有十字形、六条形。相应设插口 4~6 个。

3. 下颏带

它是系在下颏上的带子，起固定安全帽的作用，由带和锁紧卡组成。没有后颈箍的帽衬，采用 Y 字形下颏带。

（二）防护机理

1. 缓冲减震作用

帽壳与帽衬之间有 25~50 mm 的间隙，当物体击中安全帽时，帽壳不因受力变形而直接影响到头顶部。

2. 分散应力作用

帽壳为椭圆形或半球形，表面光滑，当物体坠落在帽壳上时，物体不能停留立即滑落；而且帽壳受打击点承受的力可向周围传递。通过帽衬缓冲减少 2/3 以上的力，这样就把着力点变成了着力面，从而避免冲击力在帽壳上某点应力集中，减少了单位面积受力。

3. 生物力学

《头部防护 安全帽》（GB 2811—2019）中规定安全帽必须能承受 4 900 N 的冲击力。这是生物学试验中人体颈椎在受力时最大的限值，超过此限值颈椎就会受到伤害，轻者引起瘫痪，重者危及生命。

（三）分类

安全帽产品按用途分为一般作业类（Y 类）安全帽和特殊作业类（T 类）安全帽

两大类，其中 T 类又分成五类：

　　T1 类适用于有火源的作业场所；

　　T2 类适用于井下、隧道、地下工程、采伐等作业场所；

　　T3 类适用于易燃易爆作业场所；

　　T4（绝缘）类适用于带电作业场所；

　　T5（低温）类适用于低温作业场所。

　　每种安全帽都具有一定的技术性能指标和适用范围，所以要根据所处的行业和作业环境选用相应的产品。例如，建筑行业一般就选用 Y 类安全帽；在电力行业，因接触电网和电器设备，应选用 T4（绝缘）类安全帽；在易燃易爆的环境中作业，应选用 T3 类安全帽。

　　安全帽颜色的选择随意性比较大，一般以浅色或醒目的颜色为宜，如白色、浅黄色等，也可以按有关规定的要求选用，遵循安全心理学的原则选用，按部门区分来选用，按作业场所和环境来选用。

想一想：怎样规范使用安全帽？

_____

_____

二、绝缘鞋

　　绝缘鞋是使用绝缘材料制作的一种安全鞋（见图 1-2）。关于电绝缘鞋的适用范围，新标准中明确地指出：耐实验电压 15 kV 以下的电绝缘皮鞋和布面电绝缘鞋，应用在工频（50~60 F）1 kV 以下的作业环境中，耐实验电压 15 kV 以上的试验电城市的电绝缘胶鞋，适用于工频 1 kV 以上的作业环境中。

图 1-2　绝缘鞋

（一）绝缘鞋的作用

所谓绝缘，是指用绝缘材料把带电体封闭起来，借以隔离带电体或不同电位的导体，使电流能按一定的通路流通。良好的绝缘是保证设备和线路正常运行的必要条件，也是防止触电事故的重要措施。绝缘材料往往还起着其他作用，如散热冷却、机械支撑和固定、储能、灭弧、防潮、防霉以及保护导体等。

（二）绝缘性的标志

根据新标准要求，电绝缘鞋外底的厚度（不含花纹）不得小于 4 mm，花纹无法测量时，厚度不应小于 6 mm。市场中，以生活鞋底代替劳保绝缘鞋的现象常有出现。企业购进的绝缘鞋的鞋面或鞋底应有标准号、绝缘字样及电压数值。企业还应了解制造厂家的资质情况。

电绝缘皮鞋外底磨痕长度应不大于 10 mm，电绝缘布面鞋的磨耗减量不大于 1.4 cm^3，15 kV 及以下电绝缘胶靴的磨耗减量不大于 1.0 cm^3，20 kV 及以上电绝缘胶靴的磨耗减量不大于 1.9 cm^3。

（三）适用范围

新标准规定了电绝缘鞋是从事电气工作的安全辅助用具，劳动安全管理者应清楚地认识到这一点。有些电气知识不足的管理者误认为 6 kV 绝缘皮鞋、5 kV 布面绝缘鞋的应用范围分别是 6 kV、5 kV 环境，这是十分错误的。电气安全管理中，把绝缘工具分为基本安全用具和辅助安全用具。所谓基本安全用具，是指绝缘强度足以承受电气运行电压的安全用具，如绝缘棒、绝缘夹钳、绝缘台（梯）。而辅助安全用具是指不足以承受电气运行电压的安全用具，在电气作业中，配合基本安全用具（如绝缘垫、绝缘鞋），不可以接触带电部分，但可以防止跨步电压对人身的伤害。绝缘皮鞋及布面绝缘鞋主要应用在工频 1 000 V 以下的作业环境中，作为辅助安全用具。

> **想一想**：使用绝缘鞋有哪些注意事项？
> _____
> _____

三、手套

绝缘手套是一种用橡胶制成的五指手套，主要用于电工作业，具有保护手或人体的作用，可防电、防水、耐酸碱、防化、防油（见图1-3）。

图 1-3 绝缘手套

(一) 绝缘手套的作用

绝缘手套又叫高压绝缘手套,是用天然橡胶制成,用绝缘橡胶或乳胶经压片、模压、硫化或浸模成型的五指手套,主要用于电工作业。绝缘手套是电力运行维护和检修试验中常用的安全工具和重要的绝缘防护装备。电力工业的发展和带电作业技术的推广,对绝缘手套的安全性能提出了更加严格的要求。

(二) 绝缘手套的清洁护理

当手套变脏时,要用肥皂和水温不超过 65 ℃的清水冲洗,然后彻底干燥并涂上滑石粉。洗后如发现仍然沾附有像焦油或油漆之类的混合物,请立即用清洁剂清洁该部位(但清洁剂不能过多),然后立即冲洗掉,并按照上述办法处理。

(三) 绝缘手套的用途

绝缘手套是劳保用品,起到对手或者人体的保护作用,用橡胶、乳胶、塑料等材料做成,具有防电、防水、耐酸碱、防化、防油的功能,适用于电力行业、汽车和机械维修、化工行业、精密安装等。每种材料拥有不同特点,根据与手套接触的化学品种类,具有专门用途。

带电作业用绝缘手套是个体防护装备中绝缘防护的重要组成部分。电力工业的发展和带电作业技术的推广,对带电作业用绝缘手套使用安全性提出了更加严格的要求。但是当前市场上生产、经销、使用的绝缘手套及带电作业用绝缘手套执行标准比较混乱。

(四) 绝缘手套检测中常见的问题

由于生产工艺不良、贮存或使用不当,尤其是在复杂环境下受到光、热、辐射、机械力等物理因素和其他化学因素的综合作用,绝缘手套很容易产生发黏、变硬、发脆或龟裂等老化现象。在绝缘手套的预防性试验中,通过对不同样品的对比,发现主要存在以下几个方面的问题。

1. 绝缘手套标记耐久性差

一些国产手套，稍经使用标记就会模糊不清，难以辨认。如某批次的手套送检时，标记一碰就掉，甚至能被轻易揭除。

2. 绝缘手套颜色标记不规范

如国产某"0级"手套为红色，而按 IEC 60903：2002 EN-FR 对带电作业用绝缘手套的要求，颜色应为米黄色。多数国产或进口的 10 kV、20 kV 电压等级的绝缘手套均为颜色相近的橙色，只有个别合资企业生产的绝缘手套符合颜色标记规范。

3. 绝缘手套名称不规范

如某国产标称 25 kV 电压等级的绝缘手套，其实际使用电压小于 21.75 kV，后与厂方技术人员确认，得知该型绝缘手套的验证试验电压为 25 kV，相当于 GB/T 17622—2008《带电作业用绝缘手套》中的 2 级手套，即只可适用于 10 kV 电压等级的带电作业，不可用于 20 kV 电压等级。

4. 将常规绝缘手套误认为复合手套

比如，多家供电企业送检的绝缘手套，手指与掌心部位出现磨损或划伤，且沾染有明显的金属污物，这表明该手套被误认为复合手套。经统计，60%以上的绝缘手套在预防试验中的击穿部位是手指与掌心处。由于构成绝缘手套的橡胶材料极易被划破或损伤，易出现绝缘防护损坏而引发事故，因此，在工作中应正确选用绝缘手套。

5. 绝缘手套保管不当

一些单位送检的绝缘手套外部或内部粘连严重，这表明绝缘手套的使用或保管不当。绝缘手套在受到雨水、汗液和空气的侵蚀后，易失去弹性发生老化、粘连。

预防性试验中，近40%的绝缘手套的击穿部位为手臂部位。在实际使用中，绝缘手套的手臂部位比手掌部位受磨损的机会要少得多，但击穿比例如此之大应得到高度重视。经过综合分析，手臂部位被击穿的主要原因有以下几点：

（1）试验时，手套布置不正确。高压试验时，注水高度不标准或手套袖口未浸水部分不干燥，造成高压手套表面空气电离并放电，产生的臭氧促使手套龟裂，造成绝缘手套被击穿。

（2）标签粘贴位置不正确。绝缘手套的手臂部位是试验合格证或自编号标签的主要粘贴处。在试验中，手臂部位的击穿点多在不干胶标签粘贴处，仔细检查发现，标签粘贴处橡胶有老化或颜色变浅的现象，这应是橡胶与不干胶发生化学反应所致。

想一想：绝缘手套的执行标准有哪些？

14

习题

(一) 填空题

1. 安全帽由_____、_____和_____三部分组成。

2. 绝缘鞋是使用_____材料制作的一种安全鞋。

3. 绝缘手套是一种用橡胶制成的五指手套,可防_____、_____、_____、_____、_____。

4. 绝缘手套又叫_____,用天然橡胶制成,主要用于电工作业。

5. 新标准中明确地指出:耐实验电压 15 kV 以下的_____和_____,应用在工频 1 kV 以下的作业环境中。

(二) 判断题

1. 电绝缘皮鞋外底磨痕长度应不大于 10 mm。　　　　　　　　　　(　)

2. 安全帽产品按用途分为一般作业类 (Y 类) 安全帽和特殊作业类 (T 类) 安全帽两大类。　　　　　　　　　　　　　　　　　　　　　　　　　(　)

3. 20 kV 及以上电绝缘胶靴的磨耗减量不大于 1.9 cm。　　　　　　(　)

4. 预防性试验中,近 40% 的绝缘手套的击穿部位为手臂部位。　　(　)

(三) 选择题

1. 经统计,(　) 以上的绝缘手套在预防试验中的击穿部位是手指与掌心处。

A. 60%　　　　　　　　　　　　B. 50%

C. 70%　　　　　　　　　　　　D. 40%

2. 绝缘皮鞋及布面绝缘鞋主要应用在工频 (　) 以下的作业环境中,作为辅助安全用具。

A. 1 000 V　　　　　　　　　　B. 500 V

C. 800 V　　　　　　　　　　　D. 700 V

3. 帽壳与帽衬之间有 (　) mm 的间隙,帽壳不因受力变形而直接影响到头顶部。

A. 25~50　　　　　　　　　　　B. 10~20

C. 0~25　　　　　　　　　　　 D. 50~70

4. 在电力行业,因接触电网和电器设备,应选用 (　) 类安全帽。

A. T4　　　　　　　　　　　　 B. T3

C. T2　　　　　　　　　　　　 D. T1

5. GB/T 17622—2008《带电作业用绝缘手套》中的 2 级手套，只可适用于（　　）kV 电压等级的带电作业。

A. 10 B. 20

C. 30 D. 40

（四）名词解释

1. 帽衬

2. 绝缘

（五）简答题

1. 简述绝缘手套的作用。

2. 简述绝缘鞋的作用。

项目三　常用仪器的认识与使用

【项目目标】

知识目标：

1. 掌握发动机电控技术检测仪器的原理

2. 掌握发动机电控技术检测仪器的使用方法

技能目标：

1. 能根据不同故障原因，选择合理的检测仪器

2. 能在检测中正确使用检测仪器

素质目标：

1. 在操作过程中树立安全意识

2. 通过制定检测与维修流程，具备分析问题、解决问题的能力

3. 能在工作结束后按照 7S 管理规定整理、恢复作业场地，养成良好的工作习惯

4. 通过宣传先进典型、劳动模范和技能竞赛获奖选手在各自岗位上拼搏奋斗的故事，大力弘扬劳模精神、工匠精神，激励广大青年走技能成才、技能报国之路

【任务描述】

一辆 2018 款大众速腾轿车出现故障，作为一名维修工，在维修前该选择哪些检测仪器？如何使用这些仪器？

【获取信息】

一、示波器

汽车示波器，顾名思义就是用来检测汽车电子电路故障的示波器（见图 1-4）。市场上的示波器一般被分为两种：普通或工业示波器和汽车示波器。由于应用的领域不同，工业示波器的采样率及带宽等参数差异很大；而汽车示波器的档次不会分得太大，因为汽车电路信号传输速率最大的就是 CAN 总线（高速 CAN 速率为 1 兆），所以汽车示波器的采样率为 80 Ms/s 已足够了，不需要更大的采样率。

（一）示波器的基本特征

（1）示波器相对时间显示电压。

（2）示波器的显示读数总是从左到右的。

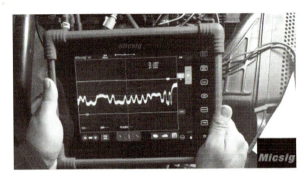

图 1-4　示波器

（3）信号的电压-时间曲线被称为波形/轨迹（trace）。

（4）在图 1-4 中，波形是蓝色的，并起始于 A 点。

（5）这类信号人们称之为正弦波，是一种无限延伸的信号，测试中经常会遇到。

（6）大多数示波器允许用户调整显示屏的垂直和水平刻度。

（7）垂直刻度称为电压量程（至少在图 1-4 中）。

（8）水平刻度称为时基（timebase），以时间单位测量。在图 1-4 中为千分之一秒。

汽车示波器又分模拟汽车示波器和虚拟（PC）汽车示波器。由于科技的发展及用户对于携带便利的偏好，虚拟汽车示波器越来越受到青睐。

（二）汽车示波器参数

（1）Pico4223 Kit：

2 通道；

12 位分辨率（可调 16 位）；

80 Ms/s 实时采样率；

32 M 存储容量；

±100 V 输入量程。

（2）Pico4423 Kit：

4 通道；

12 位分辨率（可调 16 位）；

80 Ms/s 实时采样率；

32 M 存储容量；

±100 V 输入量程。

二、数字万用表

数字万用表是一种多用途电子测量仪器，一般包含安培计、电压表、欧姆计等功能，有时也称为万用计、多用计、多用电表或三用电表。数字万用表是适用于基本故障诊断的便携式型号，也有放置在工作台的型号，有的分辨率可以达到 8 位。在电气测量中，数字万用表有很多特殊功能，但主要功能就是对电压、电阻和电流进行测量（见图 1-5）。

图 1-5　数字万用表

（一）工作原理

数字万用表测量电压、电流和电阻功能是通过转换电路部分实现的，而电流、电阻的测量都是基于电压的测量，也就是说数字万用表是在数字直流电压表的基础上扩展而来的。转换器将随时间连续变化的模拟电压量变换成数字量，再由电子计数器对数字量进行计数得到测量结果，再由译码显示电路将测量结果显示出来。逻辑控制电路的协调工作，在时钟的作用下按顺序完成整个测量过程。

（二）使用方法

数字万用表相对来说属于比较简单的测量仪器。

使用前，应认真阅读有关的使用说明书，熟悉电源开关、量程开关、插孔、特殊插口的作用。

（1）将 ON/OFF 开关置于 ON 挡，检查 9 V 电池，如果电池电压不足，将显示在显示器上，这时则需更换电池。如果显示器没有显示，则按正常操作。

（2）测试笔插孔旁边的符号，表示输入电压或电流不应超过指示值，这是为了保护内部线路免受损伤。

（3）测试之前，功能开关应置于你所需要的量程。

（三）使用说明

（1）仪表设有自动电源切断电路，当仪表工作 30 分钟至 1 小时时，电源自动切

断，仪表进入睡眠状态，这时仪表约消耗 7 μA 的电流。

（2）在仪表电源切断后，若要重新开启电源，请重复按动电源开关两次。

想一想：数字万用表都能测量什么？

_____

_____

三、汽车故障诊断仪

汽车故障诊断仪（又称汽车解码器）是用于检测汽车故障的便携式智能汽车故障检测仪器，用户可以利用它迅速地读取汽车电控系统中的故障，并通过液晶显示屏显示故障信息，迅速查明发生故障的部位及原因（见图1-6）。

图1-6　汽车故障诊断仪

（一）分类

汽车故障诊断仪一般分为两种：一种是针对车门中控的，主要运用于汽车遥控器的匹配与测试检修；另一种是针对汽车发动机或电路故障诊断的。

（二）工作原理

诊断电子控制系统的传感器、执行器状态以及电子控制单元（ECU）的工作是否正常。通过判断 ECU 的输入、输出电压是否在规定的范围内变化，可以判断电子控制系统工作是否正常。

当电子控制系统中的某一电路出现超出规定的信号时，该电路及相关的传感器反映的故障信息以故障代码的形式存储到 ECU 内部的存储器中，维修人员可利用汽车故障诊断仪来读取故障码，使其显示出来。

（三）主要功能

（1）通过 CAN、LIN 通信模块可以实现与车载内各电子控制装置 ECU 之间的对话，传送故障代码以及发动机的状态信息。

（2）通过单片机的同步/异步收发器，可以与 PC 机进行串行通信，从而完成数据交换、下载程序，以及诊断仪升级等。

（3）通过液晶显示器来显示汽车运行的状态数据及故障信息。

（4）通过键盘电路来执行不同的诊断功能。

（5）通过一种具有串行接口的大容量 FLASH 存储器来保存大量的故障码及其测量数据。

想一想：汽车故障诊断仪可以分为哪几种？

_____

_____

习题

（一）填空题

1. 市场上的示波器一般被分为两种：_____和_____。

2. 数字万用表是一种多用途电子测量仪器，一般包含_____、_____、_____等功能。

3. _____是用于检测汽车故障的便携式智能汽车故障检测仪器。

4. 万用表测量_____、_____和_____是通过转换电路部分实现的。

5. 汽车示波器又分_____和_____。

（二）判断题

1. 因为汽车电路信号传输速率最大的就是 CAN 总线，所以汽车示波器的采样率为 80 Ms/s 已足够了。　　　　　　　　　　　　　　　（　　）

2. 大多数示波器允许用户调整显示屏的垂直和水平刻度。　　　（　　）

3. 数字万用表是在电气测量中要用到的电子仪器。　　　　　　（　　）

4. 汽车故障诊断仪是维修中非常重要的工具。　　　　　　　　（　　）

5. 汽车故障诊断仪的功能之一是通过液晶显示器来显示汽车运行的状态数据及故障信息。　　　　　　　　　　　　　　　　　　　　（　　）

(三) 选择题

1. 汽车示波器参数 Pico4223 Kit，12 位分辨率，（   ）Ms/s 实时采样率。

A. 60   B. 80

C. 70   D. 40

2. 万用表设有自动电源切断电路，当仪表工作（   ）分钟至 1 小时时，电源自动切断。

A. 50   B. 40

C. 30   D. 20

3. 通过 CAN、（   ）通信模块可以实现与车载内各电子控制装置 ECU 之间的对话，传送故障代码以及发动机的状态信息。

A. LIN   B. CPU

C. CPN   D. EPU

4. 仪表进入睡眠状态后，仪表约消耗（   ）μA 的电流。

A. 7   B. 8

C. 9   D. 6

(四) 简答题

1. 简述数字万用表的工作原理。

2. 简述示波器的工作原理。

模块二　电控发动机空气供给系统

电控发动机空气供给系统模块主要包括两个学习项目：进气量测量装置、节气门位置传感器。

项目一　进气量测量装置

【项目目标】

知识目标：

1. 了解空气供给系统的类型
2. 掌握空气流量计的组成、作用与工作原理
3. 掌握进气压力传感器的组成、作用与工作原理

技能目标：

1. 能进行空气流量计的检测
2. 能进行进气压力传感器的检测

素养目标：

1. 通过制定测量流程，养成精益求精的工匠精神
2. 能在工作结束后按照 7S 管理规定整理、恢复作业场地，养成敬业的职业品质
3. 以自查、互查、现场案例引导学员讨论，培养学员合作、创新的职业能力

【任务描述】

一辆大众速腾轿车启动后发动机故障指示灯点亮，发动机工作不稳，排气管冒黑烟，用故障诊断仪检测初步判断为空气流量计故障。请根据该故障现象制定一份空气流量计的故障检修方案，完成相应的故障诊断与排除。

【获取信息】

一、空气供给系统的类型

根据测量空气流量的方式不同，进气系统可分为质量流量式进气系统（用于 L 型 EFI 系统）、速度密度式进气系统（用于 D 型 EFI 系统）和节流速度式进气系统三种。

（一）质量流量式进气系统

质量流量式进气系统结构如图 2-1 所示，该进气系统利用空气流量计直接测量吸入的空气量，通常用测得的空气流量与发动机转速的比值作为计算喷油量的标准。

节气门装在节气门体上，控制进入各缸的空气量，在该总成上还装有空气阀。当温度低时空气阀打开，部分附加空气进入进气总管，以提高急速转速，加快暖机过程（亦称快急速）。在装有急速控制阀（ISCV）的发动机上，由 ISCV 来替代空气阀的作用。

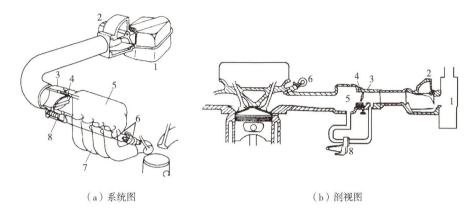

（a）系统图　　　　　　　　　（b）剖视图

1—空气滤清器；2—空气流量计；3—节气门体；4—节气门；
5—进气总管（稳压箱）；6—喷油器；7—进气歧管；8—辅助空气阀

图 2-1　质量流量式进气系统结构

（二）速度密度式进气系统

速度密度式进气系统利用进气歧管绝对压力传感器测得进气歧管中的绝对压力，然后根据绝对压力值和发动机转速来推算出每一循环发动机吸入的空气量。速度密度式进气系统组成如图 2-2 所示，它与质量流量式进气系统的主要差别是用进气歧管绝对压力传感器代替了空气流量计。

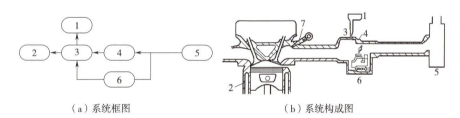

（a）系统框图　　　　　　　　　（b）系统构成图

1—进气歧管绝对压力传感器；2—发动机；3—稳压箱；4—节流阀体；5—空气滤清器；6—空气阀；7—喷油器

图 2-2　速度密度式进气系统组成

（三）节流速度式进气系统

节流速度式进气系统是利用节气门开度和发动机转速来间接计算进气质量的。由于此种控制方式在轿车上使用极少，故本书不作介绍。

二、空气供给系统的组成、作用与工作原理

空气供给系统的主要组成部件有空气滤清器、空气滤清器通气软管、空气流量计、节气门体、急速空气控制阀、进气总管、进气歧管以及进气压力传感器。

空气供给系统的作用是向汽油机提供与发动机负荷相适应的、清洁的空气，同时

对流入发动机汽缸的空气质量进行直接或间接计量，使它们在系统中与喷油器喷出的汽油形成可燃混合气。

空气供给系统通过进气总管和进气歧管引导空气进入发动机的汽缸，空气滤清器过滤进入的空气，节气门根据负荷的大小调节进入的空气量，空气流量装置计量空气流量，将信号提供给ECU；通过怠速控制系统进行怠速控制和调整，空气供给系统还为燃油和空气提供初步混合的空间，为发动机提供符合空燃比要求的可燃混合气。

三、空气供给系统部分零部件的结构

（一）空气滤清器

电控燃油喷射发动机的空气滤清器与一般发动机的空气滤清器相同，在此不再作详细介绍。

（二）空气阀

发动机冷启动时，温度低，摩擦阻力大，暖机时间长。空气阀的作用是在发动机低温启动时，通过空气阀为发动机提供额外的空气（此部分空气也由空气流量计计量），保持发动机怠速稳定运转，使发动机启动后迅速暖车，从而缩短暖车时间。

空气阀一打开，发动机吸入的空气量就能被空气流量计测出，把该信号传给ECU，从而使喷油器的喷油量也增加，做到在低温下顺利启动发动机。发动机完成暖机运转之后，流经空气阀的空气即被切断，发动机吸入的空气改由节气门的旁通通路供给，使发动机在通常的怠速工况下稳定运转。由空气阀构成的空气通道如图2-3所示。

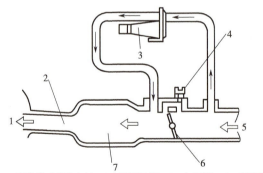

1—通往发动机的空气；2—进气歧管；3—空气阀；4—怠速螺钉；
5—自空气滤清器来的空气；6—节气门；7—缓冲罐（稳压箱）

图 2-3　由空气阀构成的空气通道

空气阀按其结构和动作方式可分为两种：一种是利用加热线圈引起的变位原理，使阀工作的双金属片调节式空气阀；另一种是利用发动机冷却水热量引起的石蜡胀缩原理，使阀工作的石蜡调节式空气阀。

1. 双金属片调节式空气阀

双金属片调节式空气阀的结构及工作原理如图 2-4 所示，它由双金属元件、加热线圈和空气阀等组成，旁通空气空道截面积的大小由双金属片控制回转控制阀门来决定。

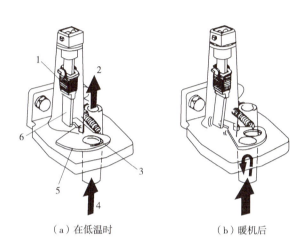

（a）在低温时　　　　（b）暖机后

1—加热线圈；2—接空气进气歧管；3—阀门；4—接空气滤清器；5—销；6—双金属片

图 2-4　双金属片调节式空气阀的结构及工作原理

图 2-5 展示了双金属片调节式空气阀的空气量调节范围曲线，当环境温度为 20 ℃时，发动机启动后 3~6 min，空气阀即可受双金属片推动而关闭。

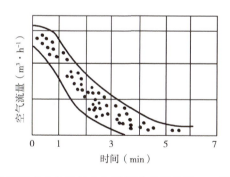

图 2-5　双金属片调节式空气阀的空气量调节范围曲线（环境温度为 20 ℃时）

2. 石蜡调节式空气阀

石蜡调节式空气阀根据发动机冷却液温度，控制空气通路面积。控制力来自恒温石蜡的热胀冷缩，而热胀冷缩的值随周围温度而变化。采用这种形式的空气阀，导入发动机冷却水是必要的。为了简化结构，大多采用与节气门体加热共用的冷却水管路一体化结构，图 2-6（a）展示的就是这种一体化结构的总体构成。当发动机处于低温

状态时，冷却液温度低，石蜡体积收缩，阀门在外弹簧作用下打开，如图 2-6 (b) 所示，空气流经阀门从旁通空气道进入进气管。发动机暖车后，冷却液温度升高，石蜡体积膨胀变大，推动空气阀克服内弹簧的弹力向左移动，将空气阀关闭，截断空气通道，如图 2-6 (c) 所示。

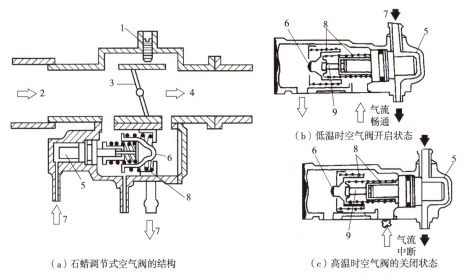

（a）石蜡调节式空气阀的结构　　　　　　　（c）高温时空气阀的关闭状态

1—急速调整螺钉；2—自空气滤清器来的空气；3—节气门；4—至进气总管；
5—感温器；6—阀门；7—冷却水流；8—弹簧；9—空气阀柱塞

图 2-6　石蜡调节式空气阀的结构与工作原理

（三）急速控制阀

急速控制阀不仅集中了节气门和由急速调整螺钉控制的旁通通道的功能，而且还能在 ECU 控制下，根据发动机实际工况来改变急速时流入发动机的空气量。

（四）真空调节器

真空调节器的结构如图 2-7 (a) 所示，当汽车急减速（发动机制动）时，进气管真空度突然增加，真空调节器内的 A 腔真空度上升，吸起膜片向上抬，将真空调节器控制阀打开，把一部分空气送入进气压力缓冲器内，从而可以抑制进气管真空度剧增，防止发动机瞬时熄火。图 2-7 (b) 是真空调节器的效果曲线图，使用真空调节器后，可以在汽车急减速时，保证进气管真空度曲线平滑过渡，减少进气管真空度的波动幅度，维持发动机转速平稳。

（五）空气流量计

空气流量计（mass air flow，MAF）一般安装在空气滤清器和节气门之间，用来测量进入汽缸内空气量的多少，然后将进气量信号转换成电气信号输入 ECU，由 ECU 计算出喷油量，控制喷油器向节气门室（进气管）喷入与进气量成最佳比例的燃油。按结构原理不同，空气流量计可分为叶片式空气流量计、卡门旋涡式空气流量计、热线式空气流量计和真空度-转速式（压感式）空气流量计四种类型。

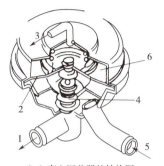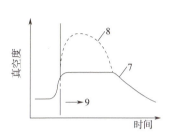

（a）真空调节器的结构图　　　　　（b）真空调节器效果曲线图

1—通往进气缓冲器；2—膜片；3—通进气管；4—阀门；5—进气阀；6—A腔；
7—装真空调节器时的进气管真空度曲线；8—无真空调节器时的曲线；9—急减速状态

图 2-7　真空调节器的结构与效果曲线

1. 叶片式空气流量计

叶片式空气流量计由测量板（叶片）、缓冲板、阻尼室、旁通空气道、急速调整螺钉、回位弹簧等组成，此外内部还设有电动汽油开关及进气温度传感器等。图 2-8 至图 2-10 分别展示了叶片式空气流量计的结构、空气通道及电位计部分结构。

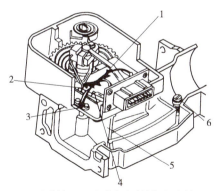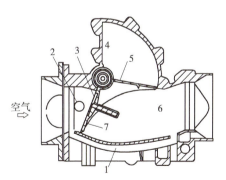

1—电位计；2—电动汽油泵触点（可动）；
3—进气温度传感器；4—电动汽油泵固定触点；
5—测量板（叶片）；6—急速调整螺钉

图 2-8　叶片式空气流量计的结构

1—旁通空气道；2—进气温度传感器；
3—阀门；4—阻尼室；5—缓冲板；
6—主空气通道；7—测量板（叶片）

图 2-9　叶片式空气流量计的空气通道

叶片式空气流量计的电位计是以电位变化来检测空气量的装置，它与空气流量计测量板同轴安装，能把因测量板开度而产生的滑动电阻变化转换为电压信号，并传送给 ECU。图 2-11 展示了电位计与测量板的安装关系及叶片式空气流量计的工作原理。

在测量板的回转轴上装有一根螺旋回位弹簧，当吸入空气推开测量板的力与弹簧变形后的回位力相平衡时，测量板即停止转动。用电位计检测出测量板的转动角度，即可得知空气流量。

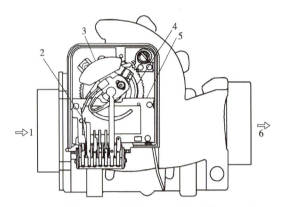

1—空气进口；2—电动汽油泵触点；3—平衡块；4—回位弹簧；5—电位计部分；6—空气出口

图 2-10　叶片式空气流量计的电位计部分结构

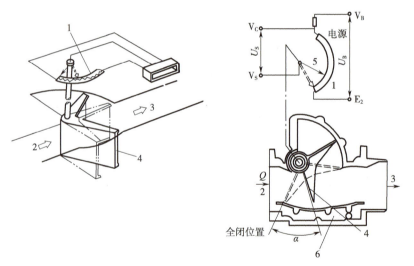

（a）电位计与测量板的安装关系　　　　（b）叶片式空气流量计的工作原理

1—电位计；2—自空气滤清器来的空气；3—到发动机的空气；
4—测量板；5—电位计滑动触头；6—旁通空气道

图 2-11　电位计与测量板的安装关系及叶片式空气流量计的工作原理

　　叶片式空气流量计的电位计内部电路如图 2-12 所示，电位计检测空气量有电压比与电压值两种方式。

　　叶片式空气流量计的电压输出形式有两种：一种是电压值 U_S 随进气量的增加而降低；另一种则是电压值 U_S 随进气量的增加而升高（如图 2-13 所示）。

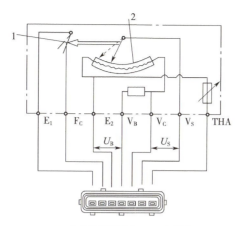

1—电动汽油泵开关；2—电位计

图 2-12　电位计内部电路

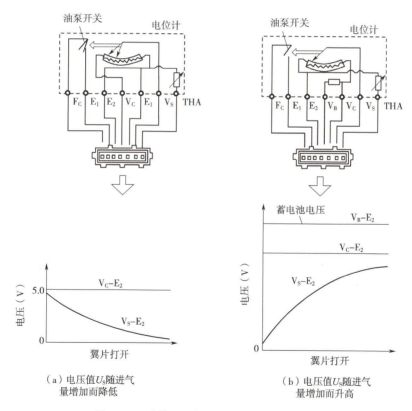

（a）电压值U_S随进气
量增加而降低

（b）电压值U_S随进气
量增加而升高

图 2-13　叶片式空气流量计的电压输出形式

2. 卡门旋涡式空气流量计

按照检测方式不同，卡门旋涡式空气流量计可以分为反光镜检测方式的卡门旋涡
式空气流量计和超声波检测方式的卡门旋涡式空气流量计两种。

图 2-14 展示了反光镜检测方式的卡门旋涡式空气流量计结构及输出脉冲信号波

形。这种卡门旋涡式空气流量计是把卡门旋涡发生器两侧的压力变化，通过导压孔引向由薄金属制成的反光镜表面，使反光镜产生振动。反光镜一边振动，一边将发光二极管射来的光反射给光电晶体管，这样旋涡的频率在压力作用下转换成镜面的振动频率，镜面的振动频率通过光电耦合器转换成脉冲信号。

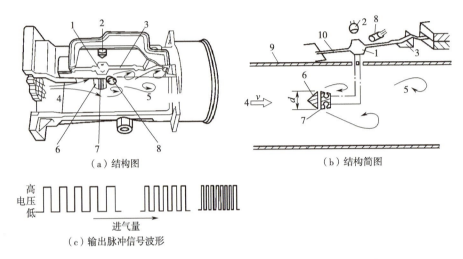

（a）结构图 （b）结构简图

（c）输出脉冲信号波形

1—反光镜；2—发光二极管；3—钢板弹簧；4—空气流；5—卡门旋涡；
6—旋涡发生体；7—压力导向孔；8—光电晶体管；9—进气管路；10—支承板

图 2-14　反光镜检测方式的卡门旋涡式空气流量计结构及输出脉冲信号波形

图 2-15 展示了超声波检测方式的卡门旋涡式空气流量计结构。这种空气流量计是利用卡门旋涡引起的空气疏密度变化进行测量的，用接收器接收连续发射的超声波信号，因接收到的信号随空气疏密度的变化而变化，由此即可测得旋涡频率，从而测得空气流量。

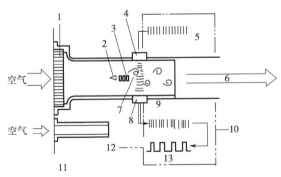

1—整流栅；2—旋涡发生体；3—旋涡稳定板；4—信号发生器（超声波发射头）；5—超声波发生器；
6—通往发动机；7—卡门旋涡；8—超声波接收器；9—与旋涡数对应的疏密声波；
10—整形放大电路；11—旁通空气道；12—通往计算机；13—整形成矩形波（脉冲）

图 2-15　超声波检测方式的卡门旋涡式空气流量计结构

3. 热线式空气流量计（热膜式空气流量计）

热线式空气流量计有三种形式：第一种是把热线和进气温度传感器都放在进气主通路的取样管内，称为主流测量式，其结构如图 2-16（a）所示。第二种是把热线缠在绕线管上，并把它和进气温度传感器都放在旁通空气道内，称为旁通测量式，其结构如图 2-16（b）所示。第三种热线式空气流量计的发热体不是热线而是热膜，其结构如图 2-16（c）所示。

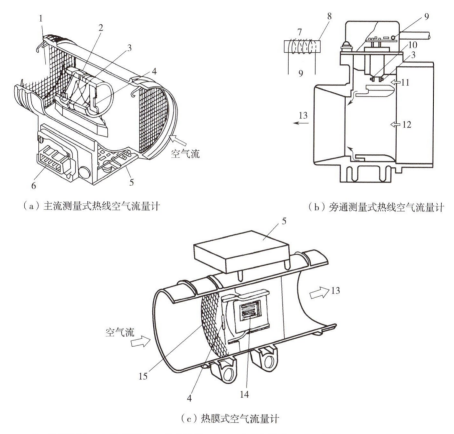

（a）主流测量式热线空气流量计　　　　　　　　（b）旁通测量式热线空气流量计

（c）热膜式空气流量计

1—防回火网；2—取样管；3—白金热线；4—上游温度传感器；5—控制回路；6—插接器；
7—热金属线和冷金属线；8—陶瓷螺线管；9—接控制回路；10—进气温度传感器（冷金属线）；
11—旁通空气道；12—主通气路；13—通往发动机；14—热膜；15—金属网

图 2-16　热线式空气流量计

4. 真空度-转速式（压感式）空气流量计（进气歧管压力传感器）

从某种角度上讲，真空度-转速式（压感式）空气流量计并不是空气流量计，仅是一只进气歧管压力传感器，但由于其功用仍是测量进入发动机汽缸的进气量，故仍作为一种空气流量计来看待。

在电控汽油喷射系统中，常用的进气歧管压力传感器有真空膜盒式和半导体两种。

真空膜盒式进气歧管压力传感器由真空膜盒（两个）、随着膜盒膨胀和收缩可左右移动的铁心、与铁心联动的差动变压器，以及在大气压力差作用下可在膜盒工作区间进行功率挡与经济挡转换的膜片构成，传感器被膜片分为左右两个气室。半导体式进气歧管压力传感器由半导体压力转换元件（硅片）与过滤器组成。

（六）进气压力传感器

进气压力传感器全称为进气管绝对压力传感器（manifold absolute pressure，MAP）。进气压力传感器的作用是测量进气管压力，它以真空管连接进气歧管，随着引擎不同的转速负荷，感应进气歧管内的真空变化，再从感知器内部电阻的改变，转换成电压信号，供 ECU 修正喷油量和点火正时角度。

进气压力传感器种类较多，常见基本结构形式有两种：一种是压敏电阻式，普遍应用于 D 型电控燃油喷射系统中；另一种是压敏电容式，常见于福特公司生产的汽车上。

1. 压敏电阻式进气压力传感器的结构和原理

压敏电阻式进气压力传感器是一种常用的汽车发动机控制系统中的传感器，它的主要结构包括灵敏元件、加工平面、分压接线和温度补偿电路等（如图 2-17 所示）。它通过对进气压力进行测量，以实现发动机的控制。在使用时，需要注意传感器的安装位置和温度补偿电路的正确使用，以保证传感器的测量精度和稳定性。

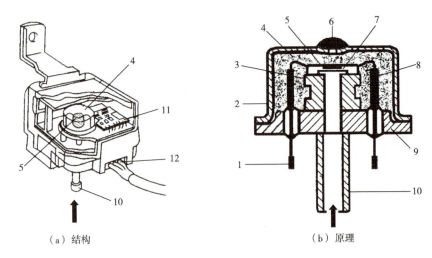

（a）结构　　　　　　　　　　　　（b）原理

1—接线端子；2—壳体；3—硅杯；4—真空室；5—硅片；6—封口；
7—电阻；8—电极；9—底座；10—真空管；11—IC电路；12—线束插接器

图 2-17　压敏电阻式进气压力传感器

压敏电阻式进气压力传感器的工作原理是利用进气压力作用于灵敏元件，改变灵敏元件电阻值的大小，从而实现对进气压力的测量。

当发动机启动时，进气压力作用于灵敏元件上，使灵敏元件的电阻值发生变化。此时，电子控制模块接收到灵敏元件的信号，并进行处理，最终用来控制发动机的燃料喷射、发动机转速等参数。

为了提高传感器的测量精度，通常还会采用温度补偿电路对输出信号进行校正。温度补偿电路会对灵敏元件的电阻值进行补偿，以抵消温度对传感器输出信号的影响，从而保证传感器输出信号的精度和稳定性。

2. 压敏电容式进气压力传感器的结构和原理

位于压敏电容式进气压力传感器壳体内腔的弹性膜片用金属制成，弹性膜片上、下两个凹玻璃的表面也均有金属涂层，这样在弹性膜片与两个金属涂层之间形成两个串联的电容（如图 2-18 所示）。

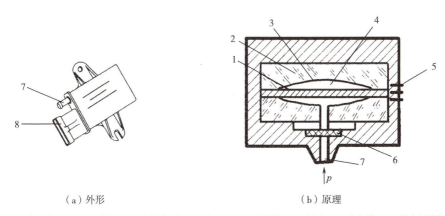

（a）外形　　　　　　　　　　　（b）原理

1—弹性膜片；2—凹玻璃；3—金属涂层；4—真空室；5—端子；6—滤网；7—真空管；8—线束插接器

图 2-18　压敏电容式进气压力传感器

压敏电容式进气压力传感器利用电容效应检测进气管绝对压力。发动机工作时，进气管内的空气压力作用于弹性膜片上，使弹性膜片产生位移，弹性膜片与两个金属涂层之间的距离发生变化，一个距离减小，而另一个距离增大，在弹性膜片与两个金属涂层之间形成的两个电容的电容量也就一个增加，另一个则减小。电容量的变化量与弹性膜片的位移成正比，而弹性膜片的位移取决于上、下两个空腔的气体压力，只要弹性膜片上部的空腔为绝对真空，下部空腔通进气管，则可通过检测电容量的变化来检测进气管的绝对压力。电容量的变化量再经过测量电路转换成电压信号输送给 ECU，测量电路可以是电容电桥电路或谐振电路等。

在使用中，将点火开关转至"ON"位置，检查传感器电源电压应约为 5 V，否则应检查 ECU 或其他连接线路是否有故障；拆开传感器与进气管连接的软管，用手动真空泵给传感器施加真空度，测量传感器输出的信号电压，输出信号电压应随真空度增

加而下降，否则应更换传感器。

头脑风暴：空气流量计损坏会导致汽车出现哪些故障？

_____

_____

想一想：大众速腾轿车采用的进气量测量装置有哪些？

_____

_____

习题

（一）填空题

1. 电控发动机的进气系统在进气量具体检测方式上可分为_____、_____和_____三种。

2. 空气流量计（MAF）用于流量型汽油喷射系统，它的作用是将单位时间内吸入发动机气缸的_____转换成电信号送至_____，作为决定喷油量和点火正时的基本信号之一。

3. 采用旁通方式测量的热线式空气流量计与主流测量方式在结构上的主要区别是：将_____和_____安装在旁通气道上。

4. 当空气流量计出现故障，ECU 会以_____和_____信号控制燃油喷射。

5. 根据测量原理不同，空气流量计有_____、_____和_____及进气歧管压力传感器四种类型。

（二）判断题

1. 空气流量计是作为燃油喷射和点火控制的主控制信号。 （　）

2. 通过进气管压力与发动机转速测量计算出进气量的方式是间接测量方式。

（　）

3. 通过空气流量计测量单位时间内发动机吸入的空气量是直接测量方式。（　）

4. 叶片式空气流量计检测的是进气气流的体积流量。 （　）

（三）选择题

1. D 型 EFI 系统以（　　）方式测量进气量。

A. 质量流量　　　　　　　　　B. 速度密度

C. 节流速度　　　　　　　　　D. 直接测量

2. L 型电控燃油喷射的主控信号来自（　　）。

A. 空气流量计和转速传感器　　B. 空气流量计和水温传感器

C. 进气压力和进气温度传感器　D. 进气压力和转速传感器

3. 关于热线式空气流量计，下列哪一个表述是不正确的？（　　）

A. 进气阻力小　　　　　　　　B. 测量的是空气体积流量

C. 用于 L 型 EFI 系统　　　　D. 测量精确

4. 空气流量计有故障时，会造成（　　）。

A. 油耗大　　　　　　　　　　B. 爆震

C. BTDC 小　　　　　　　　　D. 启动困难

5. 间接测量方式测量进气量的是（　　）。

A. 叶片式流量计　　　　　　　B. 热膜式流量计

C. 真空压力传感器　　　　　　D. 卡门旋涡空气流量计

（四）简答题

1. 空气供给系统有哪几种类型？

2. 简述空气供给系统的组成部分。

3. 简述空气流量计的类型及其工作原理。

项目二　节气门位置传感器

【项目目标】

知识目标：

1. 了解节气门位置传感器的类型

2. 掌握节气门位置传感器的用途

3. 掌握节气门位置传感器的原理

技能目标：

1. 掌握节气门位置传感器的检测

2. 掌握节气门位置传感器的匹配

素养目标：

1. 在操作过程中树立安全意识

2. 严格执行汽车检修规范，养成严谨、科学、专注的职业态度

3. 以自查、互查、现场案例引导学员讨论，培养学员合作、创新的职业能力

【任务描述】

一辆大众速腾轿车因涉水导致发动机浸水，水进入发动机气缸内将连杆顶弯，车主在某修理厂对发动机进行大修，出厂时，修理工发现换挡杆在 P 位时无法挂入 D 位，车辆无法行驶，被拖进特约维修站进行维修。

用故障诊断仪进行检测，发现节气门位置传感器信号不正常，急速工况下正常开度约为 9%，但该车的节气门位置传感器信号显示 37%，与正常信号相差很大。请根据该故障现象制定一份节气门位置传感器故障检修方案，完成相应的故障诊断与排除。

【获取信息】

一、节气门体

节气门体是控制发动机吸气多少的一个阀门，为一个圆形的钢片，中间有一根轴，和油门拉线连接，并由油门拉线控制。节气门体是发动机进气系统上的一个装置。

(一) 多点式 (MPI) 节气门体

节气门体位于空气流量计和发动机之间的进气管上，与驾驶员的加速踏板联动，是使进气通道变化，从而控制发动机运转工况的装置。图 2-19 展示了节气门体的外观和结构原理。节气门体包括控制进气量的节气门通道和怠速运行的旁通空气道。节气门位置传感器也装在节气门轴上，用来检测节气门开度。

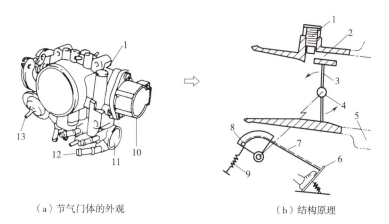

（a）节气门体的外观　　　　　　　　　　（b）结构原理

1—怠速调整螺钉；2—旁通通道；3—节气门；4—节气门轴；5—稳压箱（缓冲室）；
6—加速踏板；7—加速踏板金属丝；8—操纵臂；9—回位弹簧；10—节气门位置传感器；
11—辅助空气阀；12—通冷却水管路；13—缓冲器

图 2-19　节气门体的外观和结构原理

（二）单点式（SPI）节气门体

单点式节气门体较多点式节气门体结构复杂，主要是在单点式节气门体内还装有集中供油用的主喷油器、压力调节器和节气门位置传感器。主喷油器只有一个，它装在节气门壳体的上部，所喷出的燃油供给发动机各缸使用。图 2-20 展示了单点式节气门体的结构。

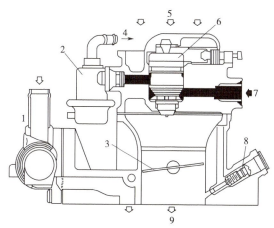

1—空气阀；2—压力调节器；3—节气门；4—通往油箱；5—自空气滤清器来的空气；
6—喷油器；7—来自电动汽油泵；8—调节螺钉；9—通往发动机

图 2-20　单点式节气门体结构

汽车发动机
电控技术

节气门体一般分为执行器、节气门片和节气门位置传感器三个部分，它们一般被封装为一体。边上的水管使其废气回流达到一定的排放标准。

想一想：节气门位置传感器位于速腾轿车的什么部位？

_____

_____

二、节气门位置传感器

节气门位置传感器（throttle position sensor，TPS）安装在节气门体轴上，其作用是检测节气门的开度及开度变化，并转变成电信号，输送给 ECU，ECU 根据 TPS 信号来判别发动机的工况，根据工况不同来控制喷油时间。在自动变速器车上，TPS 信号同时输入给变速器电脑，来控制变速器换挡时机和变矩器锁止时机。根据结构和原理不同，节气门位置传感器可分为可变电阻式、触点式和组合式三种。

（一）节气门位置传感器（TPS）的作用

（1）用来判断发动机的工况处于怠速控制区、部分负荷还是节气门接近全开的加浓区。

（2）用节气门转角变化率的大小作为加速、减速过程中修正喷油量的条件。

（3）可与空气流量计的信号对照互检，提供后者发生损坏的信息，并代替后者与转速配合，作为 ECU 控制喷油量的条件参数。

（4）用于点火正时修正、废气再循环控制、空调系统控制、燃油蒸发控制、车辆动态稳定性控制、巡航控制和牵引力控制等。

（二）节气门位置传感器的类型与工作原理

1. 可变电阻式节气门位置传感器的结构与原理

可变电阻式节气门位置传感器由滑动电刷、电阻片组成。节气门轴带动滑动电刷在电阻片上滑动，从而将节气门开度的变化转变为电阻的变化，其工作电路如图 2-21 所示。

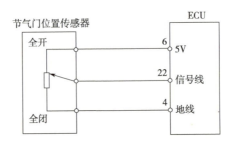

图 2-21　可变电阻式节气门位置传感器的工作电路

2. 触点式节气门位置传感器的结构与原理

触点式节气门位置传感器结构简单，在早期的车型上应用较多，它直接与节气门轴相连，内部为触点接触式，只有通断两种状态，节气门位置传感器输出信号也只有高电平信号和低电平信号两种形式。触点式节气门位置传感器主要由有导向槽的导向凸轮、怠速触点（IDL）、随导向凸轮运动的可动触点（TL）、功率触点（PSW）组成，其结构如图 2-22 所示。

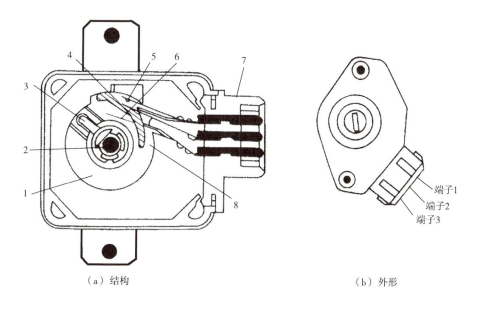

（a）结构　　　　　　　　　　　　　　　　　（b）外形

1—导向凸轮；2—节气门轴；3—控制杆；4—活动触点；5—怠速触点；
6—功率触点；7—线束插接器；8—导向凸轮槽

图 2-22　触点式节气门位置传感器的结构和外形

触点式节气门位置传感器有三种工作状态，其工作电路如图 2-23 所示。

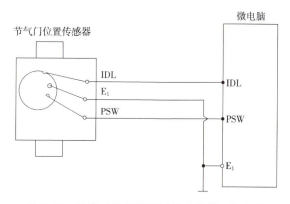

图 2-23　触点式节气门位置传感器的工作电路

（1）怠速状态：

节气门完全关闭，怠速触点（IDL）与可动触点（TL）接触闭合，IDL 与 TL 输出低电平信号 0，PSW 与 TL 输出高电平信号 1，这两个信号传送至行车电脑 ECU。

a. 若此时车速传感器探测车速为 0，ECU 认定为"怠速"工况，增加喷油量维持怠速。

b. 若此时车速传感器探测车速大于 0，ECU 认定为"发动机制动减速"工况，停止喷油，提高燃油经济性。

（2）加速状态：

节气门打开未到全负荷 80%，此时怠速触点（IDL）与可动触点（TL）断开，IDL 与 TL 输出高电平信号 1，PSW 与 TL 同样没有闭合，输出高电平信号 1，这两个信号传送至行车电脑 ECU。ECU 判定为部分负荷的加速状态，结合空气流量传感器、曲轴转速传感器，给出合适喷油量。

（3）大负荷全负荷运转状态：

节气门全开或者接近全开，此时怠速触点（IDL）与可动触点（TL）断开，IDL 与 TL 输出高电平信号 1，PSW 与 TL 触点闭合，输出低电平信号 0，这两个信号传送至行车电脑 ECU，ECU 判定为大负荷或者满负荷，加大喷油量以保障动力输出。

3. 组合式节气门位置传感器的结构与原理

在可变电阻式节气门位置传感器的基础上增设一个怠速触点，即形成触点与可变电阻结合式节气门位置传感器，如图 2-24 所示。

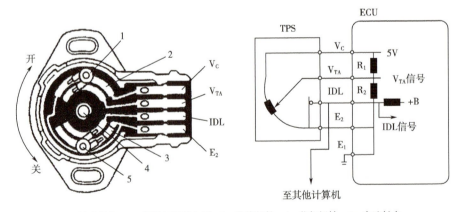

1—活动触点；2—提供 5V 标准电压；3—绝缘部件；4—节气门轴；5—怠速触点

图 2-24　组合式节气门位置传感器

一个触点可以在电阻上滑动，通过电阻的变化将节气门位置信号转换成电压（V_{TA}）。一个触点在节气门完全关闭时与怠速触点（IDL）接触，IDL 信号用于切断燃油和控制点火提前角，其工作电路如图 2-25 所示。

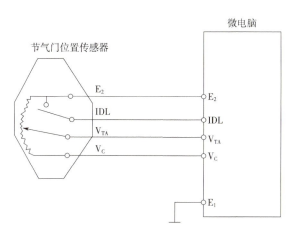

图 2-25　组合式节气门位置传感器的工作电路

头脑风暴：三种类型的节气门位置传感器各有何优缺点？

_____

_____

想一想：节气门位置传感器损坏会导致汽车出现哪些故障？

_____

_____

习题

(一) 填空题

1. 节气门体一般分为_____、_____和_____三个部分。

2. 当节气门开度突然加大时，燃油分配管内油压_____。

(二) 判断题

1. 在检查节气门位置传感器时，用手轻拍传感器，其输出信号电压应发生变化。

（　　）

2. 怠速控制分为节气门直动控制型和旁通空气控制型。　　　　　　（　　）

3. 当节气门内腔有积垢时，可用砂纸将其清除。　　　　　　　　（　　）

（三）选择题

1. 以下哪种节气门控制系统是当前汽车上新兴的控制系统？（　　）

A. 机械式　　　　　　　　　　B. 半机械式

C. 开关式　　　　　　　　　　D. 电子式

2. 冗余传感器出现在下面哪一种节气门控制系统中？（　　）

A. 机械式　　　　　　　　　　B. 半机械式

C. 开关式　　　　　　　　　　D. 电子式

3. 节气门位置传感器有故障时，会造成（　　）。

A. 排放失常　　　　　　　　　B. 加速性差

C. BTDC 小　　　　　　　　　　D. 启动困难

（四）简答题

1. 节气门位置传感器的功能是什么？

2. 节气门位置传感器有哪几种类型？

3. 简述可变电阻式节气门位置传感器的工作原理。

模块三　电控发动机燃油供给系统

电控发动机燃油供给系统模块主要包括三个项目：燃油供给系统概述、燃油压力调节器和喷油器。

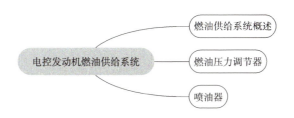

项目一　燃油供给系统概述

【学习目标】

知识目标：

1. 了解燃油泵的功用和类型

2. 掌握燃油泵的工作原理

3. 了解燃油泵的控制原理

技能目标：

1. 能对燃油泵进行就车检查

2. 能进行燃油泵的拆装与性能测试

3. 能进行燃油泵控制电路的测试与检修

素质目标：

1. 在操作过程中树立安全意识

2. 通过制定检测与维修流程，具备分析问题、解决问题的能力

3. 能在工作结束后按照 7S 管理规定整理、恢复作业场地，养成良好的工作习惯

4. 通过宣传先进典型、劳动模范和技能竞赛获奖选手在各自岗位上拼搏奋斗的故事，大力弘扬劳模精神、工匠精神，激励广大青年走技能成才、技能报国之路

【任务描述】

一辆 2018 款大众速腾轿车，踩下制动踏板的同时按下一键启动开关后，驾驶员发现启动困难，经维修技师初步诊断，确定为电动燃油泵故障。请据此制定一份电动燃油泵故障检修方案，完成电动燃油泵故障诊断与排除。

【获取信息】

一、汽油机电控燃油供给系统的组成和工作原理

（一）组成

汽油机电控燃油供给系统主要由燃油箱、电动燃油泵、供油管、回油管、燃油滤清器、燃油压力调节器和喷油器等部件组成（如图 3-1 所示），其作用是进行汽油的输送、清洁，并以恒定的压差完成定量喷射的任务。

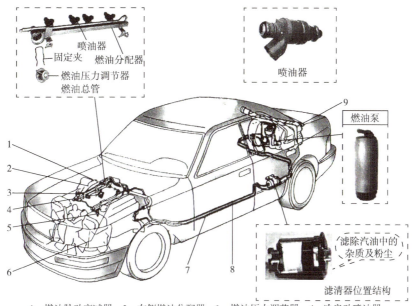

1—燃油脉动衰减器；2—右侧燃油分配器；3—燃油压力调节器；4—冷启动喷油器；
5—喷油器；6—左侧燃油分配器；7—供油管；8—回油管；9—燃油箱

图 3-1　汽油机电控燃油供给系统部件位置

(二) 工作原理

如图 3-2 所示，汽油在电动燃油泵的作用下，自汽油箱吸入燃油泵，加压后经进油管流入燃油滤清器，滤除其中杂质后进入燃油分配管，再经燃油压力调节器调节油压。ECU 依据空气流量计、转速、节气门位置和水温等传感器信号，进行分析、计算、比较，控制喷油器适时开启，将定量、定压的汽油经各缸喷油器喷入进气歧管，与经空气滤清器滤清后的新鲜空气混合进入气缸，而多余的汽油经回油管流回到油箱。进入气缸的混合气被火花塞产生的火花点燃，燃烧做功，产生的废气经排气管排出。

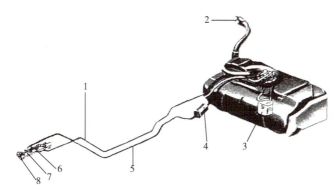

1—回油管；2—加燃油口；3—电动燃油泵；4—燃油滤清器；
5—进油管；6—喷油器；7—燃油分配管；8—燃油压力调节器

图 3-2　桑塔纳 3000 型轿车燃料供给系统部件分布

想一想：柴油发动机和汽油发动机的燃油供给系统有什么区别？

_____

_____

二、燃油滤清器的结构与工作原理

燃油滤清器的作用是滤清燃油中的杂质和水分，防止燃油系统堵塞，减少油泵和喷油器等部件的磨损，保证发动机正常工作。

（一）结构

现代汽车发动机多采用一次性使用、不可拆式纸质燃油滤清器。安装于燃油泵之后，其结构及工作过程如图 3-3 所示。由于纸质滤清器性能良好，制造和使用方便，因此被越来越多的汽车使用。桑塔纳、宝来、奥迪等各类汽车均广泛采用此种滤芯。

（二）工作过程

发动机工作时，汽油在燃油泵的作用下，从进油口接头流入燃油滤清器滤芯的外部，汽油流经滤芯后被滤清，清洁的汽油流入滤芯内腔，然后从出油管接头流出至喷油器，如图 3-3 所示。

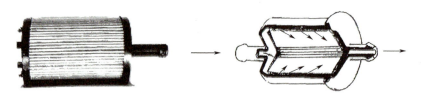

图 3-3　燃油滤清器

（三）维护

纸质滤芯无须清洗，一般每行驶 15 000 km 需要更换。更换时，应注意滤清器上箭头所指的汽油流动方向。

三、电动燃油泵的结构与工作原理

电动燃油泵能给电控燃油喷射系统提供具有一定压力的燃油，压力值一般为 0.2~0.45 MPa。

电动燃油泵按安装位置不同分为内置式和外置式两种。内置式安装在油箱中，具有噪声小、不易产生气阻、不易泄漏、管路安装简单等特点。现代汽车多采用内置式。

外置式串接在油箱外部的输油管路中，易布置、安装自由大，但噪声大，易产生气阻。

电动燃油泵按结构不同分为涡轮式、滚柱式、转子式三种。

电动燃油泵多装于燃油箱内部，浸泡在燃油中，是一种由小型永磁直流电动机驱动的油泵，主要由泵体、永磁式电动机和壳体三部分组成。

（一）涡轮式电动燃油泵

1. 结构

图 3-4 展示了桑塔纳 3000 型轿车使用的一种涡轮式电动燃油泵。它主要由直流电动机电枢、永久磁铁、叶轮、壳体、限压阀以及单向止回阀等组成。叶轮是一个圆形平板，在平板的圆周上加工有很多小槽，形成泵油叶片。

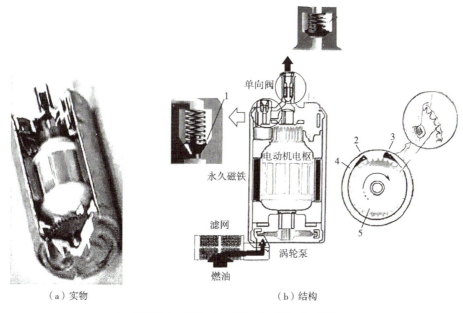

（a）实物　　　　　　　　　　（b）结构

1—限压阀；2—出口；3—入口；4—壳体；5—叶轮

图 3-4　电动燃油泵实物与结构

2. 工作原理

当电动机转动时，带动叶轮旋转，小槽内的汽油随叶轮一同高速旋转。由于叶片的带动和离心力的作用，出口处油压增高，在进口处产生真空，从而使汽油自进口处吸入，经出口处排出。

从图 3-4 中可以看出，汽油流经电动机内部，对电动机有冷却作用，所以这种燃油泵又称为湿式泵。内装式燃油泵严禁在无油的情况下运转，以免烧坏。

限压阀（也称为泄压阀）的作用是当油压超过 0.45 MPa 时克服弹簧的力开启，使汽油流回油箱，以防油压过高损坏燃油泵或油管。在出油口处还装有单向止回阀，发

动机停车后，止回阀关闭，防止管路中的汽油倒流回燃油泵，借以保持管路中有一定的残压，以便于发动机的再启动。

涡轮式电动燃油泵由于叶片式电动燃油泵运转噪声小、油压脉动小、泵油压力高、叶片磨损小、寿命长，所以被越来越多的轿车使用。

（二）滚柱式电动燃油泵

1. 结构

滚柱泵也是现代汽车上应用较多的一种燃油泵，主要由转子、圆柱形滚柱、壳体、限压阀和单向止回阀等组成（如图 3-5 所示）。装有滚柱的转子偏心地安装在泵壳内。

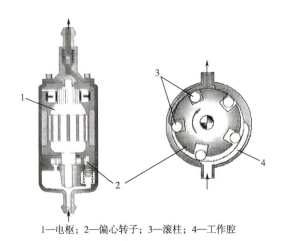

1—电枢；2—偏心转子；3—滚柱；4—工作腔

图 3-5　滚柱泵的工作原理

2. 工作原理

当转子旋转时，转子槽内的滚柱在离心力的作用下，紧压于泵体内表面上，这样在相邻两滚柱之间形成密封的工作腔。工作腔转过出油口后，其容积不断增大，形成一定的真空度，当转到与进油口连通时，将燃油吸入；吸满燃油的工作腔转过进油口后，容积不断减小，燃油压力提高，受压燃油流过电动机，从出油口输出。

（三）转子泵

1. 结构

转子泵主要由带外齿的内转子、带内齿的外转子、壳体、限压阀和单向止回阀等组成（如图 3-6 所示）。内转子比外转子少一个齿，主动的内转子偏心地安装在从动的外转子内。

2. 工作原理

当主动的内转子转动时，由于齿轮啮合，带动外转子一起旋转。在转子内、外齿啮合的过程中，形成若干个封闭的工作腔。工作腔的容积在转动时不断发生变化；在进油口一侧容积增加，形成一定的真空将燃油吸入；在出油口一侧容积减小，形成一定的压力将燃油压出。

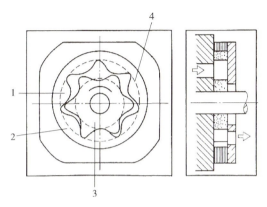

1—吸油腔；2—外转子；3—内转子；4—压油腔

图 3-6　转子泵的工作原理

（四）双级泵

在现代汽车上，电动燃油泵采用双级泵的结构形式并将其安装在油箱内的趋势日益明显。双级泵是由初级泵和主油泵两者合成一个组件，由一台电动机驱动的结构。初级泵（一般为涡轮泵）以较低的压力将燃油输送给主油泵，主油泵再进一步提高压力。双级电动燃油泵的结构如图 3-7 所示。

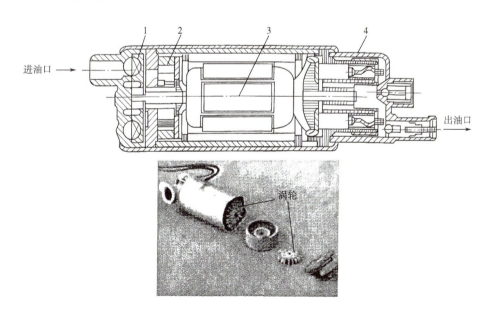

1—初级泵；2—主油泵；3—电动机；4—壳体

图 3-7　双级电动燃油泵

四、电动燃油泵的控制

燃油喷射的控制主要包括燃油泵的控制、喷油器的控制和喷油时间的控制。

下面主要介绍燃油泵的控制。

电控汽油喷射系统燃油泵控制的基本要求是：在点火开关打开后，电控单元将控制燃油泵工作 2~3 s，以建立必需的油压；此时若不启动发动机，电控单元将切断燃油泵的控制电路，燃油泵停止工作；在发动机启动过程和运转过程中，电控单元控制燃油泵保持正常运转，供应压力燃油。

（一）基本工作原理

燃油泵应该在发动机运转时工作，若发动机没有运转，即使点火开关开启，燃油泵也不工作。燃油泵基本控制电路如图 3-8 所示。

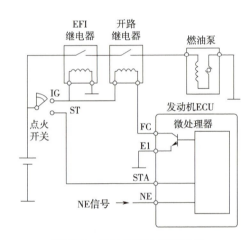

图 3-8　燃油泵基本控制电路

（1）点火开关置于 "IG" 位置。当点火开关位于 "IG" 位置时，EFI 继电器接通。

（2）点火开关置于 "ST" 位置。发动机启动时，从点火开关的 ST 端子会传递一个 STA 信号到发动机 ECU。当 STA 信号被输入到发动机 ECU 时，发动机 ECU 内部的晶体管接通，开路继电器闭合，燃油泵开始工作。

（3）发动机启动/运转。发动机运转的同时，发动机 ECU 收到曲轴位置传感器传来的 NE 信号，晶体管继续保持接通，使燃油泵继续运作。

（4）发动机停止。若发动机停止，发动机 ECU 接收不到 NE 信号，晶体管关闭，开路继电器被断开，燃油泵停止工作。

（二）燃油泵的速度控制

通常燃油泵在一定转速下运转，因而输出油量不变。但在发动机高速、大负荷工况下，因用油量大，需要提高燃油泵转速以增加泵油量；当发动机工作在低速、中小负荷工况时，应使燃油泵低速运转，以减少泵的磨损及不必要的电能消耗。

因此，某些发动机在燃油泵控制电路中增加了燃油泵的转速控制机构，通过控制燃油泵的电压改变转速，达到控制输出的目的。

燃油泵 ECU 控制式转速控制电路如图 3-9 所示。

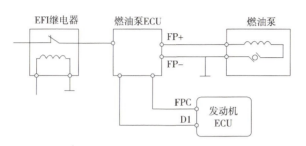

图 3-9 燃油泵 ECU 控制式转速控制电路

（三）燃油泵关闭控制系统

当安全气囊充气胀开或者车辆发生碰撞、翻车时，一些汽车的燃油泵控制系统可使燃油泵停止运转，以保证安全。

1. 当安全气囊充气胀开时

当驾驶人安全气囊、前排乘员侧安全气囊或座椅侧安全气囊充气胀开时，发动机 ECU 从安全气囊中央传感器总成检测到充气信号，便会断开开路继电器，使燃油泵停止运转。安全气囊中央传感器总成和燃油泵电路如图 3-10 所示。

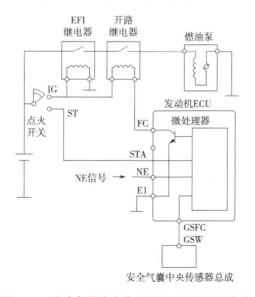

图 3-10 安全气囊中央传感器总成和燃油泵电路

2. 当车辆发生碰撞或翻车时

当车辆发生碰撞或翻车时，燃油泵惯性开关会关闭燃油泵，减少燃油泄漏。燃油泵惯性开关如图3-11所示。

当车辆发生碰撞或翻车时，燃油泵惯性开关内的钢球移动，开关从触点处分开并断开电路，停止燃油泵的运转，如图3-12所示。按下复位开关即可取消燃油泵关闭状态。

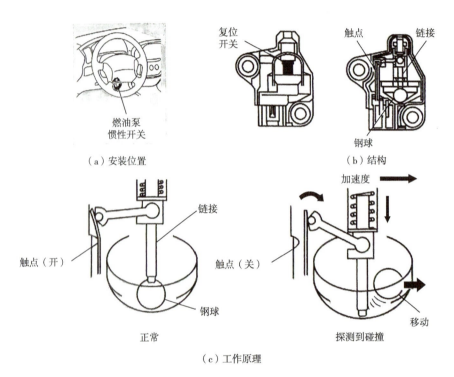

图 3-11　燃油泵惯性开关

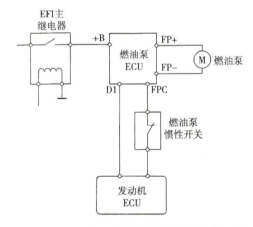

图 3-12　燃油泵惯性开关工作电路

习题

(一) 填空题

1. 内置式燃油泵具有_____、_____、_____和_____等优点。

2. 电动燃油泵根据结构的不同可以分为_____、_____和_____三种。

3. 各种汽油发动机的燃油供给系统基本相同，都是由_____、_____、_____、_____及油管等组成。

(二) 判断题

1. 发动机停止工作后，供油管路仍保持有压力。　　　　　　　　　　　(　　)

2. 在用蓄电池直接给燃油泵通电时，应注意通电时间不能过长。　　　(　　)

3. 内置式电动燃油泵多采用滚柱式，外置式电动燃油泵则多采用涡轮式。

（　　）

4. 电动燃油泵的单向阀能起到一种保护作用，当油压过高时能自动减压。

（　　）

5. 滚柱式电动燃油泵的输油压力波动较大，在出油端必须安装脉动阻尼器。

（　　）

(三) 选择题

1. 如果点火开关位于 "ON" 位置不启动汽车，电动燃油泵 (　　)。

A. 持续运转　　　　　　　　　　B. 不运转

C. 工作 10 s 后停止　　　　　　 D. 工作 3~5 s 后停止

2. 下列不属于电动燃油泵类型的是 (　　)。

A. 滚柱式　　　　　　　　　　　B. 齿轮式

C. 叶片式　　　　　　　　　　　D. 涡轮式

3. 为了防止系统油压过高，在电动燃油泵上设有 (　　)。

A. 单向止回阀　　　　　　　　　B. 调压阀

C. 泄压阀　　　　　　　　　　　D. 节流阀

4. 现在电动燃油泵一般采用内置式，即油泵与 (　　) 安装一体。

A. 供油架　　　　　　　　　　　B. 发动机

C. 油箱　　　　　　　　　　　　D. 燃油滤清器

5. 电控发动机 ECU 根据 (　　) 控制油泵停止工作。

A. 启动信号　　　　　　　　　　B. NE 转速信号

C. 节气门位置信号　　　　　　　D. 氧传感器信号

（四）简答题

1. 简述汽油发动机燃油供给系统的组成。

2. 简述汽油发动机缸内直喷高压燃油泵的工作原理。

3. 简述汽油发动机电动燃油泵单向阀和安全阀的工作过程。

项目二　燃油压力调节器

【任务目标】

知识目标：

1. 掌握燃油压力调节器的作用

2. 掌握燃油压力调节器的工作原理

技能目标：

1. 能检测各工况下燃油系统的压力，并判断燃油压力调节器、燃油泵的性能

2. 能读取并分析静态油压、怠速油压、加速油压、最大油压和保持油压

素质目标：

1. 在操作过程中树立安全意识

2. 通过制定检测与维修流程，具备分析问题、解决问题的能力

3. 能在工作结束后按照 7S 管理规定整理、恢复作业场地，养成良好的工作习惯

4. 通过宣传先进典型、劳动模范和技能竞赛获奖选手在各自岗位上拼搏奋斗的故事，大力弘扬劳模精神、工匠精神，激励广大青年走技能成才、技能报国之路

【任务描述】

一辆大众速腾轿车，踩下加速踏板后发动机转速不能马上升高，有迟滞现象，经维修技师初步诊断，需要对燃油压力进行检测。请根据该故障现象制定一份燃油压力检测方案，完成发动机加速不良故障的诊断与排除。

【获取信息】

一、燃油压力调节器

燃油压力调节器的作用是使燃料供给系统的燃油压力与进气歧管的压力之差保持恒定，一般为 250~300 kPa。

（一）结构

燃油压力调节器安装于燃油分配管上，主要由壳体、膜片、回油阀门、弹簧和小弹簧燃油压力等组成（如图 3-13 所示）。膜片将燃油压力调节器分成弹簧室和燃油室，膜片下端带有阀门，用以控制回油量的多少；弹簧室通过真空接管与进气歧管相通，用以感受进气歧管压力的变化。

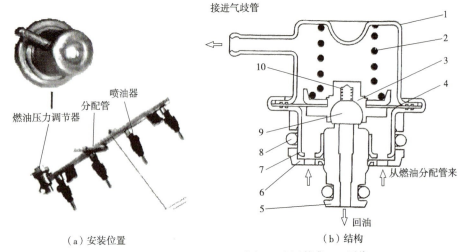

（a）安装位置	（b）结构

1—上盖；2—弹簧；3—阀座；4—膜片；5—回油管嘴；6—下盖；
7—壳体；8—"O"形密封圈；9—阀门；10—小弹簧

图 3-13　燃油压力调节器的安装位置及结构

（二）工作原理

发动机 ECU 对喷油量的控制是通过控制喷油器电磁线圈通电时间的长短来实现的。当燃油系统的绝对油压与喷油器喷油口处的进气歧管的空气压力差不为定值时，喷油器电磁线圈通电时间即使相同，其喷油量也不相同。因此，为保证 ECU 对喷油量的精确控制，就必须保证燃油系统的绝对油压与喷油器喷油口处的进气歧管的空气压力差恒定。

当进气歧管的压力减小时（发动机负荷减小），压力油克服弹簧力使膜片上移，回油阀门开启，汽油流回油箱，供油系统内压力下降，如图 3-14（a）所示。

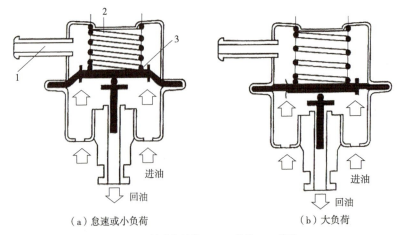

（a）怠速或小负荷	（b）大负荷

1—接进气歧管口；2—弹簧；3—膜片

图 3-14　燃油压力调节器工作原理

反之，当进气歧管的压力增加时（发动机负荷增大），弹簧弹力使膜片下移，回油阀门变小或关闭，回油量变小或终止，供油系统内压力上升，如图 3-14（b）所示。如此反复，使两者的压差始终保持恒定，使喷油量只取决于喷油器电磁线圈通电时间，从而达到 ECU 对喷油量的精确控制。

二、无回油管燃油供给系统

近年来，很多新型轿车采用无回油管燃油供给系统，即取消了分配管上的燃油压力调节器和回油管，不再利用发动机进气歧管的真空度来调节燃油压力，提供给喷油器的油压保持在 400 kPa 左右，其恒定油压是靠安装在油泵或燃油滤清器内的限压阀来保证；ECU 依据进气歧管的压力信号来修正喷油脉宽，从而达到对喷油量的精确控制。

无回油管燃油供给系统的组成与工作原理如图 3-15 所示，其限压阀装于燃油滤清器中，当燃油压力超过规定值时，阀门打开，多余的燃油流回到油箱。

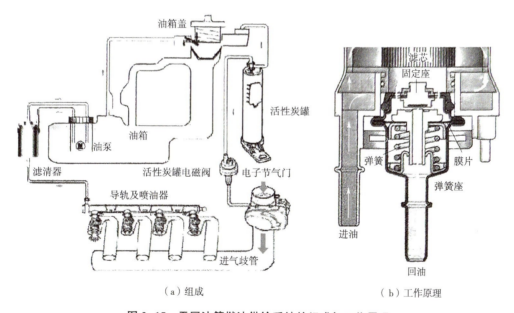

（a）组成　　　　　　　　　（b）工作原理

图 3-15　无回油管燃油供给系统的组成与工作原理

这种无回油管燃油供给系统的优点如下：

（1）降低了燃油温度，因为燃油不必流经高温的发动机舱后再回到油箱，所以油温降低，同时燃油蒸发污染也随之减少。

（2）减少了油箱外的连接件，安装维护方便，降低了燃油渗漏的概率，同时降低了车辆成本。

习题

（一）填空题

1. 燃油压力调节器的作用是使 _____ 和 _____ 之差保持恒定，一般为 _____ kPa。

2. 检测燃油系统静态油压一般应在 _____ kPa 左右。

3. 检测怠速油压一般应在 _____ kPa，拔下真空管应上升至 _____ kPa。

4. 急加速时，燃油供给系统油压应由 _____ kPa 上升至 _____ kPa，急加速油压和怠速油压之差不低于 _____ kPa。

（二）判断题

1. 缸外喷射的汽油压力一般为 0.3~0.4 kPa。 （　　）

2. 踩下加速踏板后发动机转速不能马上升高，有迟滞现象，一般要进行燃油压力的检测。 （　　）

3. 喷油器堵塞会造成系统油压过高。 （　　）

4. 燃油压力调节器的作用是使燃油分配管内的油压保持不变，不受节气门开度的影响。 （　　）

（三）选择题

1. 当节气门突然开大时，燃油分配管内油压（　　）。

A. 升高 　　　　　　　　　　　　B. 降低

C. 不变 　　　　　　　　　　　　D. 先降后升

2. 燃油压力调节器真空管漏气，会导致（　　）。

A. 混合气过浓 　　　　　　　　　B. 混合气过稀

C. 不影响混合气浓度 　　　　　　D. 不喷油

3. 燃油压力调节器的常见故障原因包括（　　）。

A. 膜片弹簧疲劳 　　　　　　　　B. 膜片破裂

C. 真空软管破裂，连接部位漏气 　D. 回油管堵塞或回油不畅

（四）简答题

1. 简述燃油压力调节器的作用和组成。

2. 简述燃油压力调节器的工作原理。

3. 简述燃油压力的检测方法。

项目三　喷油器

喷油器俗称喷油嘴，是燃油供给系统的主要部件之一。它实质上是一个电磁阀，在 ECU 发出指令后，电磁线圈通电使针阀打开，把准确计量的燃油喷射到进气道内或者直接喷射到气缸内。

【任务目标】

知识目标：

1. 掌握喷油器的结构和工作原理

2. 了解喷油器的分类

技能目标：

1. 能进行喷油器的电阻与工作电压的检测

2. 能进行喷油器性能的检测

3. 能完成喷油器的清洗作业

素质目标：

1. 在操作过程中树立安全意识

2. 通过制定检测与维修流程，具备分析问题、解决问题的能力

3. 能在工作结束后按照 7S 管理规定整理、恢复作业场地，养成良好的工作习惯

4. 通过宣传先进典型、劳动模范和技能竞赛获奖选手在各自岗位上拼搏奋斗的故事，大力弘扬劳模精神、工匠精神，激励广大青年走技能成才、技能报国之路

【任务描述】

一辆 2018 款大众速腾轿车出现发动机启动困难、怠速不稳，经维修技师初步诊断，确定为喷油器故障。请根据该故障现象制定一份喷油器故障检修方案，完成喷油器故障诊断与排除。

【获取信息】

一、喷油器的作用和种类

（一）喷油器的作用与安装

喷油器的作用是依据发动机 ECU 的喷油脉冲信号，将一定量的燃油以雾状喷入进

气管内，使燃油与空气混合形成可燃混合气。其安装如图3-16所示。

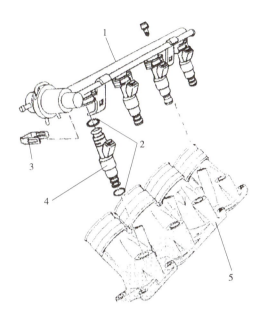

1—燃油分配管；2—"O"形圈；3—固定夹；
4—喷油器；5—进气管下体

图3-16 喷油器安装位置

（二）喷油器的种类

（1）根据汽油喷射类型不同，可分为多点式（MPI）喷油器和单点式（SPI）喷油器（单点式喷油器现已被淘汰）。

（2）按喷口形式不同，可分为孔式喷油器和轴针式喷油器，如图3-17所示。

（a）单孔式　　　　　（b）多孔式　　　　　（c）轴针式

图3-17 孔式和轴针式喷油器喷口

（3）按喷油器电磁线圈电阻不同，可分为高阻抗式喷油器（13~16 Ω）和低阻抗式喷油器（3~4 Ω），如图3-18所示。

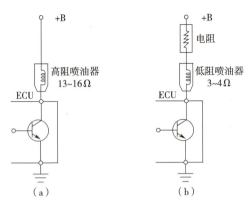

图 3-18　高阻抗式喷油器和低阻抗式喷油器

想一想：高阻抗式喷油器和低阻抗式喷油器在性能上有什么区别？

_____

_____

二、喷油器的结构及工作原理

（一）孔式喷油器

1. 结构

孔式喷油器由电磁线圈、衔铁、复位弹簧、针阀、喷油器体等零件组成，如图 3-19 所示。该喷油器为上端供油两孔式喷油器，安装于各缸进气歧管末端，对准进气门喷油。

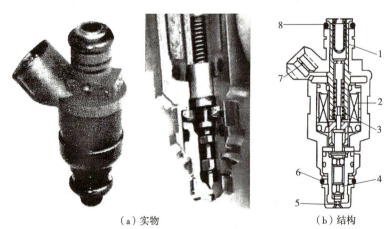

（a）实物　　　　（b）结构

1—进口滤网；2—电磁线圈；3—复位弹簧；4—针阀；5—喷油孔；
6—进气歧管"O"形密封圈；7—导线插片；8—燃油分配管"O"形密封圈

图 3-19　孔式喷油器的实物与结构

64

在喷油器阀体与进气歧管的结合处有一"O"形密封圈，起密封作用，同时也起隔热作用，以防喷油器内燃油蒸发成气泡。在喷油器阀体与燃油分配管的结合处也有一"O"形密封圈，起密封作用。

喷油器是加工精度很高的精密器件，同时要求它具有良好的动态流量稳定性、抗堵塞、抗污染能力强，喷油雾化性能好。

2. 工作原理

喷油器喷油量取决于三个因素：喷油孔截面的大小、喷油压差和喷油持续时间。对于一定型号的喷油器来讲，喷油孔截面的大小是固定不变的，而喷油压差则由燃油压力调节器调节为定值，因此，喷油量只取决于喷油持续时间，即取决于喷油器电磁线圈的通电脉冲的宽度。

电磁线圈通电时产生电磁力，吸动衔铁上移，带动针阀升起，阀门打开，燃油喷出，如图 3-20（a）所示；电磁线圈断电时电磁力消失，针阀被弹簧压紧在阀座上，停止喷油，如图 3-20（b）所示。

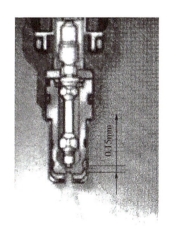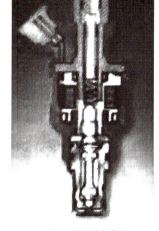

（a）针阀开启喷油　　　　　　　　（b）针阀关闭停喷

图 3-20　喷油器的工作过程

针阀的升程约为 0.15 mm，喷油持续时间在 2~10 ms 范围内。

孔式喷油器的优点是雾化质量好；缺点是自洁能力不强，易堵塞。

（二）轴针式喷油器

轴针式喷油器由电磁线圈、衔铁、复位弹簧、针阀、喷油器体等零件组成，如图 3-21 所示。

其安装及工作原理与孔式喷油器基本相同。轴针式喷油器的优点是自洁能力强，不易堵塞；缺点是雾化质量不如孔式喷油器。

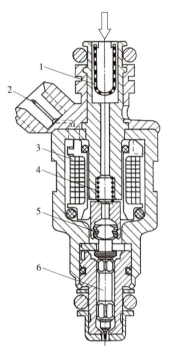

1—进口滤网；2—导线插片；3—电磁线圈；4—复位弹簧；5—衔铁；6—针阀

图3-21　轴针式喷油器的结构

习题

（一）填空题

1. 喷油器不喷油的时间称为_____时间。

2. 轴针式喷油器主要由_____、_____、_____以及电磁线圈等组成。

3. 喷油器针阀的升程一般为_____mm。

（二）判断题

1. 在发动机启动时，除同步喷油外，再增加一次异步喷油。　　　　　（　　）

2. 喷油量控制是电控燃油喷射系统最主要的控制功能。　　　　　　　（　　）

3. 发动机启动时的喷油量控制和起动后的喷油量控制的控制模式完全相同。

　　　　　　　　　　　　　　　　　　　　　　　　　　　　　　（　　）

4. 当喷油器断电时也就停止了喷油。　　　　　　　　　　　　　　　（　　）

（三）选择题

1. 在多点汽油喷射系统中，汽油被喷入（　　　）。

A. 燃烧室内　　　　　　　　　　　　　B. 节气门后部

C. 进气歧管   D. 进气道

2. 单点喷射系统采用下列哪种喷射方式？（   ）

A. 同时喷射   B. 分组喷射

C. 顺序喷射   D. 以上都不对

3. 当进气温度在（   ）℃时，空气密度小，可以适当缩短喷油时间。

A. 20   B. 大于 20

C. 小于 20   D. 15

4. 对喷油量起决定性作用的是（   ）。

A. 空气流量计   B. 水温传感器

C. 氧传感器   D. 节气门位置传感器

5. 在多点电控汽油喷射系统中，喷油器的喷油量主要取决于（   ）。

A. 针阀升程   B. 喷孔大小

C. 内外压力差   D. 针阀开启的持续时间

（四）简答题

1. 电控汽油喷射系统为什么要测量发动机工作时每缸的进气量？

2. 什么情况下 ECU 执行断油控制？

模块四　电控发动机排放控制系统

电控发动机排放控制系统模块主要包括三个项目：氧传感器、燃油蒸发控制系统和废气再循环（EGR）控制系统。

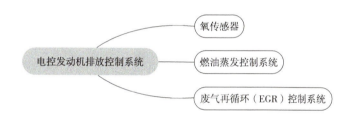

项目一　氧传感器

氧传感器（又称氧浓度传感器）是发动机电子控制系统中的一个重要传感器，其作用就是把排气中氧的浓度转换为电压信号，ECU 根据氧传感器输入的信号判断可燃混合气的浓度，进而修正喷油量，最终将缸内可燃混合气的浓度控制在理想空燃比 14.7 附近。氧传感器信号不正常会引起三元催化转换装置转换效率降低，排气污染加剧，油耗上升。

 【项目目标】

知识目标：

1. 掌握氧传感器的结构与工作原理

2. 制订氧传感器故障检修流程

技能目标：

1. 能正确使用万用表、诊断仪以及示波器等仪器

2. 能查阅电路图册，熟悉氧传感器的工作电路

3. 能依据维修手册，对氧传感器进行故障诊断与排除

素质目标：

1. 在任务实施过程中牢记安全作业

2. 通过制定故障检修流程，具备分析问题、解决问题的能力

3. 能在工作结束后按照 7S 管理规定整理、恢复作业场地，养成良好的工作习惯

4. 注重理论联系实际，潜移默化地培养学生的综合素质

 【任务描述】

一辆 2018 款速腾轿车的车主反映该车发动机加速无力，动力不足，油耗增高。本故障为典型的氧传感器故障，应如何进行故障诊断？排除本故障需要哪些知识？对本故障进行诊断时应进行哪些检查项目？

 【获取信息】

想一想：现代汽车为什么要安装氧传感器？这样做的依据是什么？有什么好处？

现代汽车为了降低发动机排气中有害成分（CO、碳氢化合物、NO_x）的含量，在排气管中安装了三元催化转换装置。三元催化转换装置内有三元催化剂（常用铂、

铑、钯)，它能促使排气中的有害成分进行化学反应，可使 CO 氧化为 CO_2，碳氢化合物氧化为 CO_2 和 H_2O，NO_x 还原为 N_2。但是，只有当汽油机在空燃比为 14.7 附近的一个很小范围内运转时，三元催化剂才能同时促进氧化还原反应，三元催化转换装置的转换效率才最高，排气中有害物质的含量才最低。因此，现代汽车均安装了氧传感器。

氧传感器的数量因车而异，有的发动机只有一个氧传感器，安装在排气管中排气消声器的前面。双排气管发动机在左、右排气管上各安装一个氧传感器，这样该系统就有两个氧传感器，即左氧传感器和右氧传感器；装有三元催化转换装置的发动机在该装置前、后各安装一个氧传感器。

一、了解氧传感器的结构与工作原理

汽车发动机电子控制系统采用的氧传感器根据内部敏感材料不同分为氧化锆式和氧化钛式两种。氧化锆式氧传感器又分为加热式和非加热式两种，氧化钛式氧传感器大多为加热式氧传感器。

(一) 氧化锆式氧传感器

如图 4-1 所示，氧化锆式氧传感器主要由锆管、电极、电极引线、金属保护套(管)、加热元件（仅指加热式)、线束插接器等组成。

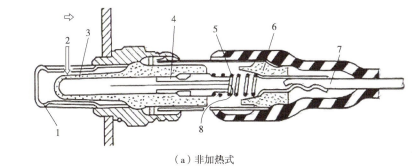

（a）非加热式

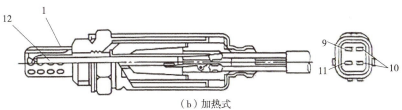

（b）加热式

1—金属保护套（管）；2—废气；3—锆管；4—电极；5—弹簧；6—绝缘体；7—电极引线；
8—空气；9—接地端子；10—加热器接线端子；11—信号输出端子；12—加热元件

图 4-1　氧化锆式氧传感器

氧化锆式氧传感器内部的敏感元件是二氧化锆（ZrO_2）固体电解质。在二氧化锆固体电解质粉末中添加少量的添加剂，烧制成管状的锆管。紧贴锆管的内、外表面是作为锆管内、外电极的铂膜，内、外电极通过电极引线与氧传感器的线束插接器相连。锆管的内电极与外界大气相通，外电极与排气管内的排气相通。为防止发动机排出的废气腐蚀外层的铂电极，在外层铂电极表面都覆盖着一层多孔性的陶瓷层。

作为锆管外电极的金属铂的另一个重要作用是对排气中（尤其是外电极铂膜附近）的一氧化碳（CO）和氧气（O_3）起催化作用，使其反应生成二氧化碳（CO_2）。这种催化作用，尽可能多地使浓可燃混合气燃烧后排放至废气中的低浓度氧气（O_2）和高浓度一氧化碳（CO）发生化学反应（甚至可使氧气全部参与反应），这样既减少了废气中的一氧化碳含量，又增大了锆管内、外层之间的氧浓度差，增大了锆管的输出信号电压。由于氧化锆陶瓷层的强度很低，所以为了防止受排气压力冲击致使陶瓷层破碎，在锆管的外部套有一个带长缝槽的耐热金属保护套（管），其上的长缝槽是为了便于排气流通。图4-2展示了氧传感器的工作原理。

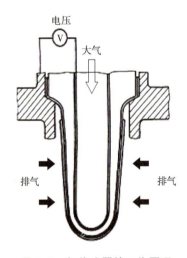

图4-2　氧传感器的工作原理

氧化锆式氧传感器的输出电压特性是：当汽缸内可燃混合气浓时，排气中的氧含量低，一氧化碳含量相对较高，而且在锆管外电极铂膜的催化作用下，排气中的氧几乎全部参与反应，生成了二氧化碳，使锆管外表面上氧浓度几乎为0，而锆管的内表面与大气相通，氧浓度很大，锆管内、外两侧氧浓度差很大，因此在内、外电极之间产生了较强的电压信号（0.8～1.0 V）；当汽缸内可燃混合气稀时，排气中的氧含量较高，一氧化碳含量相对较低，即使一氧化碳全部与氧反应，锆管外表面还会有多余的氧存在，锆管内、外两侧氧浓度差小，因此在内、外电极之间只产生较弱的电压信号

（约为 0.1 V）。

由氧传感器的输出特性（见图 4-3）可以看出，氧传感器的输出电压在理想空燃比（14.7）附近发生突变。可燃混合气空燃比稍高于 14.7 时，氧传感器输出信号电压几乎为零；可燃混合气空燃比稍低于 14.7 时，氧传感器输出信号电压接近 1.0 V；可燃混合气空燃比为 14.7 时，氧传感器输出信号电压约为 0.45 V。

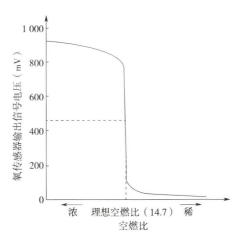

图 4-3　氧传感器的输出特性

如果没有铂电极的催化作用使锆管外侧的氧浓度急剧减小到 0，那么浓可燃混合气时就不会有接近 1.0 V 的高电压信号，传感器的输出信号也不会在可燃混合气由浓变稀时出现跃变现象，这正是使用铂电极的另一个重要原因。在氧化锆式氧传感器的使用过程中，氧传感器的外侧铂电极会因汽油和润滑油硫化产生的硅酮等颗粒状物质附着在其表面上而逐渐失效，内侧铂电极也会被氧传感器内部端子处用于防水的橡胶逐渐污染，因此氧化锆式氧传感器应定期更换。

如图 4-4 所示，氧化锆式氧传感器的工作状态与工作温度有着密切关系。氧化锆式氧传感器在温度低于 300 ℃时，无信号电压输出，而在温度为 300~800 ℃时最敏感，输出信号最强。虽然可利用排气热量对其进行加热，但工作温度并不稳定，而且发动机启动后数分钟才能达到其正常工作温度。因此，目前大部分氧化锆式氧传感器内都增设了陶瓷式电热元件，由汽车电源进行加热，通电后可使氧传感器温度保持在 300 ℃附近，如图 4-5 所示。

加热式氧传感器的线束插接器一般有 4 个端子（也有的是 3 个），其中 2 个是信号输出端子，另 2 个是电加热元件的电源输入端子。也有的轿车采用非加热式氧传感器，这种氧传感器的线束插接器一般有 2 个或 1 个接线端子，它们是信号输出端子。当采用 1 个端子时，氧传感器的外壳搭铁，作为氧传感器的另一个信号输出端子。

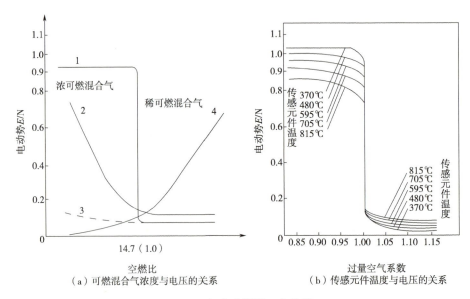

（a）可燃混合气浓度与电压的关系　　　　（b）传感元件温度与电压的关系

图 4-4　氧传感器的工作特性

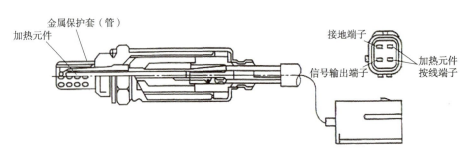

图 4-5　加热式氧传感器

（二）氧化钛式氧传感器

氧化钛式氧传感器的材料是二氧化钛（TiO_2）。二氧化钛在常温下的阻值是稳定的，但当其表面缺氧时，其内部晶格会出现缺陷，阻值会大大降低。氧化钛式氧传感器就是利用二氧化钛的这种特性制成的。氧化钛式氧传感器的外形与氧化锆式氧传感器相似，但体积较小。在其前端的护罩内是一个二氧化钛厚膜元件（如图 4-6 所示）。当二氧化钛表面氧浓度发生变化时，其阻值也随之变化，ECU 根据此变化来确定可燃混合气的浓度变化。另外，排气温度的变化也会影响二氧化钛的阻值。

图 4-7 展示了氧化钛式氧传感器的输出特性。当发动机可燃混合气稀（过量空气系数大于 1.0）时，排气中的氧含量较高，传感元件周围的氧浓度较大，二氧化钛呈现高阻状态。当发动机的可燃混合气浓（过量空气系数小于 1.0）时，由于燃烧不完全，排气中的氧含量较低，传感元件周围的氧很少，在催化剂铂的催化作用下，剩余氧与排气中的一氧化碳产生化学反应，生成二氧化碳，进一步消耗掉排气中的氧，二氧化

钛呈现低阻状态，从而大大提高了氧传感器的灵敏度。可见，氧化钛式氧传感器的电阻将在可燃混合气的过量空气系数 λ 约为 1.0（空燃比 A/F 约为 14.7）时产生突变。

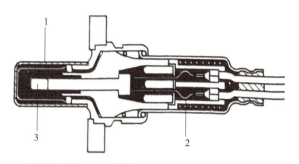

1—保护套（管）；2—连接线；3—二氧化钛厚膜元件

图 4-6　氧化钛式氧传感器

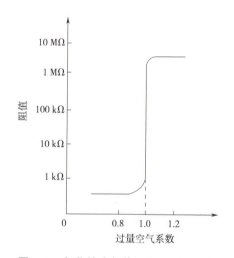

图 4-7　氧化钛式氧传感器的输出特性

图 4-8 展示了氧化钛式氧传感器的工作电路。ECU 将一个恒定的电压加在氧化钛式氧传感器上。当发动机排气中氧含量的变化引起二氧化钛阻值变化时，ECU 将从氧传感器端子 OX 接收到变化的电压信号。可燃混合气浓时，排气中的氧含量低，二氧化钛阻值小，氧传感器负极向 ECU 输入一个高电压信号；反之，可燃混合气稀时，排气中的氧含量高，二氧化钛阻值大，氧传感器负极向 ECU 输入一个低电压信号。氧传感器的信号电压在空燃比为 14.7 附近时发生突变。

二、氧传感器的工作电路

非加热式氧传感器与 ECU 有两条连接导线。氧化锆式氧传感器的两条连接导线是输出信号线和搭铁线，如图 4-9 所示；氧化钛式传感器的两条连接导线是电源线和输

出信号线, 如图4-8所示。

1—氧化钛式氧传感器;
2—1V电源电压端子;
3—氧传感器信号输出端子

氧化锆式
氧传感器

图4-8　氧化钛式氧传感器的工作电路　　　**图4-9　非加热式氧传感器的工作电路**

加热式氧传感器除具有非加热式氧传感器的两条连接导线外, 还有两条导线: 一条是加热元件的搭铁线, 另一条是通过 ECU 主继电器供给加热元件的电源线。

> **头脑风暴: 不同类型的氧传感器各有何优缺点?**

> **想一想: 氧传感器损坏会导致汽车出现哪些故障? 氧传感器出现问题怎么解决?**

习题

(一) 判断题

1. 过量空气系数 λ 为 1 时, 从理论上或实践中来看, 混合气燃烧最完全, 发动机的经济性最好。　　　　　　　　　　　　　　　　　　　　　　　　　( )

2. 混合气浓度越高, 发动机产生的功率越大。　　　　　　　　　　　( )

3. 怠速工况需要供给多而浓 (λ=0.6~0.8) 的混合气。　　　　　　( )

4. 柴油机的进、排气管多分开安装, 不在气缸盖的同一侧, 从而避免因排气管高温对进气管的影响而降低充气效率。　　　　　　　　　　　　　　　　　( )

5. 空燃比小于或大于 18 时, HC 排放都会增加。　　　　　　　　　( )

6. 含氧化合物可以提高辛烷值, 减少 CO 和 HC 的排放。　　　　　( )

（二）选择题

1. 热线式空气流量计感知空气流量的是（　　）。

A. 热线 　　　　　　　　　　　　　B. 冷线

C. 热线与冷线 　　　　　　　　　　D. 温度传感器

2. 空燃比大于 14.7 的混合气为（　　）混合气。

A. 浓 　　　　　　　　　　　　　　B. 稀

C. 理论混合气 　　　　　　　　　　D. 功率混合气

3. 节气门体装在（　　）和（　　）之间的进气管上。

A. 空气滤清器　空气流量计 　　　　B. 空气流量计　发动机进气总管

C. 发动机进气总管　进气歧管 　　　D. 进气歧管　进气门

（三）名词解释

1. 过量空气系数

2. 怠速

项目二　燃油蒸发控制系统

　　燃油蒸发控制系统（EVAP）用于防止燃油管内的燃油蒸气泄漏到大气中污染环境，同时收集燃油蒸气并适时送入进气管，与空气混合后进入发动机燃烧，提高燃油的经济性。

【项目目标】

　　知识目标：

　　1. 掌握燃油蒸发控制系统的工作原理

　　2. 了解燃油蒸发控制系统故障检修流程

　　技能目标：

　　1. 能正确读取标定信息，确定燃油蒸气流量

　　2. 能查阅电路图册，掌握燃油蒸发控制系统的电路结构

　　3. 能依据维修手册，对燃油蒸发控制系统进行故障诊断与排除

　　素质目标：

　　1. 在操作过程中树立高压安全意识

　　2. 通过制定故障检修流程，具备分析问题、解决问题的能力

　　3. 能在工作结束后按照 7S 管理规定整理、恢复作业场地，养成良好的工作习惯

【任务描述】

　　一辆 2018 款速腾轿车的车主反映该车发动机在热车行驶过程中容易熄火，熄火后不易启动。此故障为典型的燃油蒸气排放控制系统故障，应如何进行故障诊断？排除该故障需要哪些知识？诊断该故障时应进行哪些检查？

【获取信息】

一、认识汽油发动机的排放

　　汽油是多种碳氢化合物的混合物，汽油经过燃烧后，主要排放气体包括氧气、水蒸气、二氧化碳、碳氢化合物、一氧化碳、氮氧化合物，其中，对环境造成污染的气体主要是碳氢化合物（HC）、一氧化碳（CO）和氮氧化合物（NO_x）。汽油发动机排放气体及其产生原因见表 4-1。

表 4-1　汽油发动机排放气体及其产生原因

排放气体名称	排放气体产生原因
氧气（O_2）	氧气占空气构成的 20% 左右。浓混合气燃烧时，全部的氧都会被耗尽；而很稀的混合气燃烧，则会在排气中剩下较多的氧
水蒸气（H_2O）	发动机排气中大部分是水蒸气，燃料中的氢与大气中的氧结合，释放出热能并产生水蒸气。发动机在低转速时，水会凝结在内部表面，从而造成锈蚀
二氧化碳（CO_2）	燃料中的碳燃烧后形成二氧化碳。二氧化碳本身无害，但大气中二氧化碳成分的增加会在地球大气层产生"温室效应"，从而最终影响气候
碳氢化合物（HC）	汽油中的碳氢化合物在燃烧时，碳、氢原子分解，分别与氧化合为二氧化碳与水。如果汽油在气缸中没有完全燃烧，就会以碳氢化合物分子的形式被送入排气系统
一氧化碳（CO）	过浓的空燃比是产生一氧化碳的唯一原因，在燃烧时，若燃烧室中缺氧，某些碳原子只能与一个氧原子结合，即产生一氧化碳
氮氧化合物（NO_X）	空气主要是由约 80% 的氮和约 20% 的氧组成，正常条件下，氮、氧间无化学结合，但在燃烧时的高温下，会形成氮氧化合物。氮氧化合物从 1 120 ℃ 开始形成，温度越高形成越快

二、排放控制系统的车上检查

（一）零件位置分布图

速腾轿车电控发动机排放控制系统的主要部件在汽车上的分布如图 4-10 所示，排放控制系统的电路如图 4-11 所示。

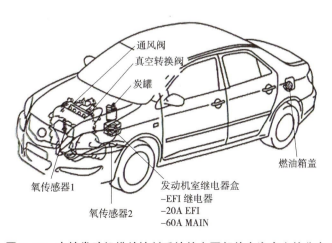

图 4-10　电控发动机排放控制系统的主要部件在汽车上的分布

注意

● 拆下机油尺、润滑油加油盖或 PCV 软管可能导致发动机转速不稳。

● 进气系统中零部件出现断开、松动或裂纹将导致进气泄漏，并会引起发动机运转异常。

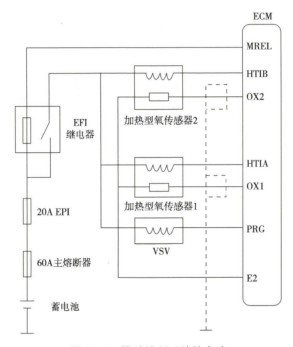

图 4-11 排放控制系统的电路

（二）车上检查

（1）检查燃油切断时的转速。增大发动机转速至大约 3 000 r/min，用听诊器检查喷油器的工作声音。松开节气门操纵杆，检查工作噪声是否断断续续。

（2）目视检查软管、连接部件和衬垫。检查软管、连接部件和衬垫上有无裂纹、划痕等，如图 4-12 所示。

图 4-12 检查软管、连接部件和衬垫

（3）检查燃油箱盖。目视检查燃油箱盖衬垫是否有变形或损坏，如图4-13所示。

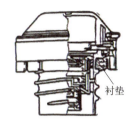

衬垫

图4-13　检查燃油箱盖衬垫

知识拓展：你知道吗?

　　一氧化碳：CO是非常有害的气体，且无色无味。汽车尾气中的CO可经呼吸道进入人体肺泡，被血液吸收后与血红蛋白相结合形成碳氧血红蛋白，降低血液的载氧能力，削弱血液对人体组织的供氧量，导致组织缺氧，从而引起头痛等症状，重者会窒息死亡。

　　氮氧化合物：氮氧化合物主要是指 NO、NO_2，都是对人体有害的气体，特别是对呼吸系统有危害。在 NO_2 浓度为 9.4 mg/m^3 的空气中暴露 10 min，即可造成呼吸系统失调。

　　碳氢化合物：汽车尾气中的碳氢化合物和氮氧化合物在阳光作用下发生化学反应，生成臭氧，它和大气中的其他成分结合就形成光化学烟雾。其对健康的危害主要表现为刺激眼睛，引起红眼病；刺激鼻、咽喉、气管和肺部，引起慢性呼吸系统疾病。

三、燃油蒸发控制系统（EVAP）

将燃油箱中的燃油蒸气引入进气歧管，既降低了碳氢化合物的排放，又起到了节约能源的作用。

（一）EVAP 的功能

EVAP 是为防止燃油箱内的燃油蒸气排入大气产生污染而设计的，其功能是收集燃油箱和浮子室（化油器式汽油机）内蒸发的燃油蒸气，并将燃油蒸气导入气缸参加燃烧，从而防止燃油蒸气直接排入大气而造成污染。同时，还必须根据发动机工况，控制导入气缸参加燃烧的燃油蒸气量。

（二）EVAP 的组成及工作原理

在装有 EVAP 的汽车上，燃油箱盖上只有空气阀，而不设蒸气放出阀。EVAP 控制

系统主要由单向阀、排气管、电磁阀、真空控制阀、定量排放孔、活性炭罐等组成（如图4-14所示）。

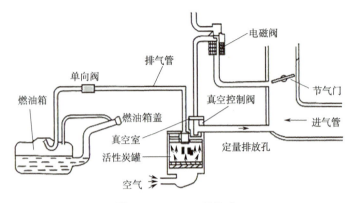

图4-14　EVAP的组成

　　工作原理：活性炭罐与燃油箱之间设有排气管和单向阀，燃油箱内的燃油蒸气超过一定压力时，顶开单向阀经排气管进入活性炭罐，活性炭罐内的活性炭将燃油蒸气吸附在炭罐内。发动机工作时，活性炭罐内的燃油蒸气经定量排放孔、吸气管被吸入进气管。活性炭罐的上端设有一个真空控制阀，真空控制阀为一膜片阀，膜片上方为真空室，控制阀用来控制定量排放孔的开闭。真空控制阀与进气管之间的真空管路中设有受ECU控制的电磁阀，用以调节真空控制阀上方真空室的真空度，改变真空控制阀的开度，可控制吸入进气管的燃油蒸气量。为防止活性炭罐内的燃油蒸气被吸入进气管后使混合气变浓，活性炭罐下方设有进气滤芯并与大气相通，使部分清洁空气与活性炭罐内的燃油蒸气一起被吸入进气管。

　　韩国大宇等轿车上的EVAP不采用ECU控制，真空控制阀的开度直接由真空度控制，如图4-15所示。发动机转速一定时，随发动机负荷（节气门开度）的增大，真空管口处的真空度增加，真空控制阀的开度增大；随着发动机负荷减小，真空控制阀开度也减小。

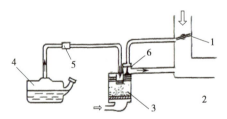

1—节气门；2—进气管；3—活性炭罐；4—油箱；
5—单向阀；6—真空控制阀

图4-15　大宇轿车的EVAP

韩国现代轿车上安装的是电控 EVAP，如图 4-16 所示。活性炭罐上不设真空控制阀。电脑根据节气门位置传感器、水温传感器和进气温度传感器信号控制电磁阀通电或断电，由电磁阀控制活性炭罐与进气管之间的吸气通道。发动机怠速（进气量较少）或温度较低时，电脑使电磁阀断电，关闭吸气通道，活性炭罐内的燃油蒸气不能被吸入进气管。

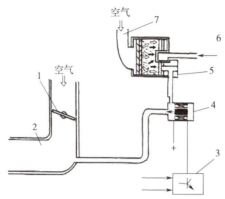

1—节气门；2—进气管；3—ECU；4—电磁阀；5—活性炭罐；6—接油箱；7—通大气

图 4-16　现代轿车的 EVAP 系统

（三）EVAP 的检修

1. 故障现象

（1）炭罐吸附装置失效不工作，无法对油箱中的燃油蒸气进行回收，导致车厢内有燃油气味。

（2）系统工作失常，导致混合气过浓或影响发动机怠速的稳定。

2. 检查方法及步骤

（1）检查各连接管路有无破损或漏气，必要时更换连接软管；检查活性炭罐壳体有无裂纹、底部进气滤芯是否脏污，必要时更换炭罐或滤芯。

（2）将发动机热车至正常工作温度，并使之怠速运转。

（3）拔下蒸汽回收罐上的真空软管，检查软管内有无真空吸力。若装置工作正常，在发动机怠速运转中电磁阀应不通，软管内应无真空吸力。如果此时软管内有吸力，应检查电磁阀线束插头内电源电压正常与否。

（4）踩下加速踏板，使发动机转速大于 2 000 r/min，同时检查上述软管内有无真空吸力。若有吸力，说明正常；若无吸力，应检查电磁阀线束插头内电源电压。若电压正常，说明电磁阀有故障；若电压异常或无电压，说明电脑或控制线路有故障。

（5）从活性炭罐上拆下真空控制阀，用手动真空泵由真空管接头给真空控制阀施

加约束力。

习题

(一) 判断题

1. 活性炭罐暂时吸收燃油蒸气，然后将其导回发动机燃烧。 　　(　　)

2. 活性炭罐电磁阀泄漏时会导致混合气过稀，不会导致混合气过浓。 (　　)

3. 活性炭罐电磁阀在点火接通时电压持续高电平（约 12 V）。 　　(　　)

4. 活性炭罐电磁阀控制信号的占空比与冷却液温度无关。 　　(　　)

(二) 选择题

1. 活性炭罐收取的燃油蒸气来自 (　　)。

A. 曲轴箱　　　　　　　　　　　　B. 燃油箱

C. 排气管　　　　　　　　　　　　D. 加油口

2. 如果发动机转速增加，活性炭罐信号占空比应 (　　)。

A. 增加　　　　　　　　　　　　　B. 减小

C. 相同　　　　　　　　　　　　　D. 不一定

3. 桑塔纳活性炭罐电磁阀的电阻值为 (　　)。

A. 22~30 Ω　　　　　　　　　　　B. 10~22 Ω

C. 30~42 Ω

4. 桑塔纳活性炭罐电磁阀卡滞关闭不严会导致什么问题？(　　)

A. 怠速不稳　　　　　　　　　　　B. 油耗增加

C. 动力下降　　　　　　　　　　　D. 发动机异响

5. 曲轴箱通风管堵塞将导致 (　　)。

A. 烧机油　　　　　　　　　　　　B. 废气超标

C. 油耗增加　　　　　　　　　　　D. 曲轴箱压力增加

(三) 名词解释

1. 节气门开度

2. 燃油蒸发控制系统（EVAP）

（四）简答题

1. 活性炭罐电磁阀信号电压的特点是什么？

2. 活性炭罐电磁阀损坏导致的故障现象有哪些？

项目三 废气再循环（EGR）控制系统

废气再循环（exhaust gas re-circulation，EGR）是指把发动机排出的部分废气回送到进气歧管，并与新鲜混合气一起再次进入气缸。由于废气中含有大量的二氧化碳等多原子气体，而二氧化碳等气体不能燃烧却由于其比热容高而吸收大量的热，使气缸中混合气的最高燃烧温度降低，从而减少了 NO_x 的生成量。

 【项目目标】

知识目标：

1. 掌握废气再循环控制系统的工作原理
2. 制订废气再循环控制系统故障检修流程

技能目标：

1. 能正确使用万用表、诊断仪以及示波器等仪器
2. 能查阅电路图册，熟悉 EGR 控制电路
3. 能依据维修手册，对 EGR 阀进行故障诊断与排除

素质目标：

1. 在任务实施过程中牢记安全作业
2. 通过制定故障检修流程，具备分析问题、解决问题的能力
3. 能在工作结束后按照 7S 管理规定整理、恢复作业场地，养成良好的工作习惯
4. 注重理论联系实际，潜移默化地培养学生的综合素质

【任务描述】

一辆 2018 款速腾轿车的车主反映该车发动机加速无力，动力不足，发动机故障指示灯亮起且伴随发动机过热。此故障为典型的 EGR 阀故障，应如何进行故障诊断？排除该故障需要哪些知识？诊断该故障时应进行哪些检查？

一、EGR 控制系统的功能

废气再循环（EGR）是将 5%~15% 的废气引入进气歧管，返回气缸吸收燃烧热量，以减少高温燃烧时 NO_x 生成量的系统。

二、EGR 控制系统的组成及工作原理

废气再循环控制系统一般由废气再循环阀（又称 EGR 阀）、废气调整阀、三通电

磁阀、EGR 位置传感器、电控单元及相应管道等组成，如图 4-17 所示。

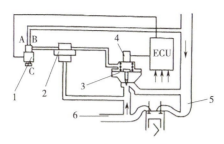

1—三通电磁阀；2—废气调整阀；3—EGR阀；4—EGR位置传感器；5—进气管；6—排气管

图 4-17　EGR 控制系统的结构

当发动机工作时，电脑根据空气流量计、节气门位置传感器、水温传感器、发动机转速传感器等测得的信号，控制三通电磁阀，该电磁阀控制废气调整阀，废气调整阀控制通往废气再循环阀的真空度，以控制 EGR 阀的开度，从而决定废气循环量。当发动机水温低于 50 ℃，处于怠速或小负荷、急减速或急加速、高速运转等工况时，电脑将切断电磁阀，停止废气再循环，以保证发动机的输出功率。

废气再循环阀用来控制再循环的废气量，废气再循环阀真空膜片室内的真空度越大，阀的开度就越大，再循环的废气量也越大。

废气调整阀是利用进气管真空度的变化，按节气门开度的大小控制通往废气再循环阀的真空度，使废气再循环阀的开度能随节气门的开大而增大，使再循环的废气量能随发动机负荷的增大而相应增加。

三通电磁阀由电脑控制，在一定条件下断开三通电磁阀的电源，切断真空管路，让空气进入废气调整阀，使废气再循环阀关闭，取消废气再循环。

废气再循环阀位置传感器是利用废气再循环阀的膜片带动位置传感器可变电阻的滑动触点，废气再循环阀的开度被转变为电阻或电压的信号，输入给电脑，而电脑通过废气再循环控制电磁阀来调整废气再循环阀的开度。

目前采用 ECU 控制的 EGR 系统主要有两种类型：开环控制 EGR 系统和闭环控制 EGR 系统。

（一）开环控制 EGR 系统

开环控制 EGR 系统主要由 EGR 阀和 EGR 电磁阀等组成，如图 4-18 所示。ECU 根据发动机水温、节气门开度、转速和启动等信号来控制电磁阀的通电或断电。ECU 不给 EGR 电磁阀通电时，控制 EGR 阀的真空通道接通，EGR 阀开启，进行废气再循环；ECU 给 EGR 电磁阀通电时，控制 EGR 阀的真空通道被切断，EGR 阀关闭，停止废气再循环。

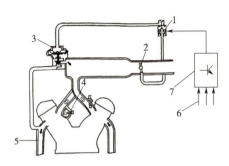

1—EGR电磁阀；2—节气门；3—EGR阀；
4—水温传感器；5—排气管；6—其他传感器信号；7—ECU

图 4-18　开环控制 EGR 系统

发动机工作时，ECU 给 EGR 电磁阀通电，停止废气再循环的工况有：启动工况、怠速工况、暖机工况、转速低于 900 r/min 或高于 3 200 r/min 的工况。在其他工况下，ECU 均不给电磁阀通电，都进行废气再循环。随发动机转速和负荷（节气门开度）的增大，EGR 阀的开度增大；随发动机转速和负荷的减小，EGR 阀的开度减小。

EGR 电磁阀多采用占空比控制，ECU 通过占空比控制电磁阀的开度，调节作用在 EGR 阀上的真空度，控制 EGR 阀的开度，以实现对废气再循环量的控制。

(二) 闭环控制 EGR 系统

闭环控制 EGR 系统是在 EGR 阀上增设了一个 EGR 阀开度传感器，检测实际的 EGR 阀开度作为反馈控制信号，ECU 可根据 EGR 阀开度传感器的反馈信号修正电磁阀的开度，使其控制精度更高（如图 4-19 所示）。

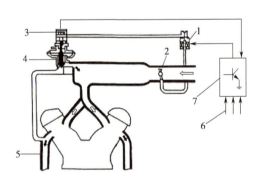

1—EGR电磁阀；2—节气门；3—EGR阀传感器；4—EGR阀；
5—排气管；6—其他传感器信号；7—ECU

图 4-19　闭环控制 EGR 系统

有些发动机上采用整体式电控废气再循环装置，如图 4-20 所示。这种装置实际上是一个不可拆卸总成，即将电子调节器、废气再循环阀位置传感器及电磁阀等和废气再循环有关的控制装置整合在一个总成里。废气再循环阀位置传感器为电子控制器提供阀门开度的电压信号；电磁阀在废气再循环装置不工作时处于常开状态，把真空泄放掉，使废气再循环阀关闭，停止废气再循环；电子调节器根据电脑的控制信号，调节输送到电磁阀线圈的电流以产生适当的脉冲宽度来控制该阀的真空度，使废气再循环阀保持在适当的开度。

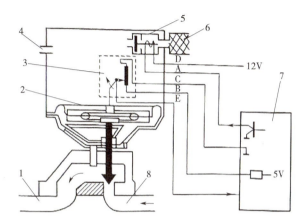

1—进气管；2—膜片；3—废气再循环阀位置传感器；
4—接真空软管；5—电子调节器；6—通气滤网；7—ECU；8—接排气管

图4-20　整体式电控废气再循环装置

EGR阀开度传感器为电位计式，其工作原理与电位计式节气门位置传感器类似。EGR阀开度传感器与ECU之间有三条连接线路，分别为电源线、搭铁线和信号线，ECU通过电源线给传感器提供5 V的标准电压，传感器将EGR阀开启高度变化转换为电信号经信号线输送给ECU。

三、废气再循环控制过程

发动机废气再循环控制系统由微机集中控制系统装置根据发动机工况控制废气再循环电磁阀的工作。表4-2展示了发动机废气再循环控制系统在各工况下的工作状况。

表4-2　发动机废气再循环控制系统在各工况下的工作状况

发动机工况	废气再循环电磁阀	废气再循环控制系统
发动机启动时	ON（电磁阀接通，阀门关闭）	不起作用
节气门开关接通时		
发动机温度低时		
发动机转速低于 900 r/min 时		
发动机转速高于 3 200 r/min 时		
除以上情况外	OFF（断开）	起作用

在发动机启动时，需要较浓的可燃混合气，而此时进入气缸的可燃混合气量少。若在启动时让废气再循环并进入进气系统，则会使可燃混合气更稀，进一步增加启动困难。因此，在启动时应关闭废气再循环电磁阀，停止废气再循环控制系统的工作。

当节气门开关接通时，发动机处于怠速或大负荷工况，发动机的节气门位置传感器为开关式，因此又把节气门位置传感器称为节气门开关，该节气门开关在节气门关闭和全开时接通，在其他工况时断开。在怠速（节气门关闭）时，进入气缸的可燃混合气量较少，若此时废气再循环并进入气缸，则会使怠速时可燃混合气不能正常燃烧，造成怠速抖动，严重时发动机会熄火；在大负荷工况（节气门全开）时，发动机需要大功率，此时废气再循环，会减小发动机的最大输出功率（废气再循环正是以牺牲发动机功率为代价的）。因此，在节气门开关接通时，废气再循环控制系统停止工作。

当发动机温度低时，需要加浓可燃混合气，而废气再循环则会降低可燃混合气浓度，造成燃烧室内的不正常燃烧，影响发动机的正常工作。因此，在发动机温度低时，废气再循环系统不工作。

当发动机转速低于 900 r/min 时，发动机到达最低稳定运转转速，若转速继续降低，则发动机会熄火。因此，在发动机转速低于 900 r/min 时，应停止废气再循环控制系统的工作。

当发动机转速高于 3 200 r/min 时，发动机处于大负荷工况，需要输出大功率，以满足工作需要。因此，在发动机转速高于 3 200 r/min 时，应停止废气再循环控制系统的工作，以增大发动机的输出功率。

除上述各工况外，废气再循环电磁阀均打开废气再循环控制阀的真空管路，使废气再循环控制系统工作。废气经再循环再次进入气缸后，会降低燃烧室内的最高燃烧温度，从而减少排气中 NO_x 含量，减轻排气污染。

四、三元催化转换器（TWC）

（一）TWC 的功能

三元催化转换器安装在排气管中部，其功能是通过金属（铂、铑、钯）催化剂的作用，使汽车尾气中的碳氢化合物（HC）、一氧化碳（CO）、氮氧化物（NO_x）等有害物质，经化学反应转化为无害的二氧化碳（CO_2）、水（H_2O）及氮气（N_2）。

（二）TWC 的构造及工作原理

三元催化转换器一般由壳体、减振层、载体和催化剂涂层部分组成，如图 4-21 所示。催化器壳体由不锈钢材料制成，以防氧化皮脱落造成载体堵塞。减振层一般采用膨胀垫片或钢丝网垫，起密封、保温和固定载体的作用，防止催化器壳体受热变形等对载体造成损害。

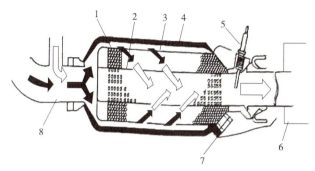

1—催化剂；2—内筒；3—外筒；4—壳体；
5—排气温度传感器；6—消声器；7—排泄口塞；8—排气管

图 4-21　三元催化转换器的结构

三元催化转换器一般为整体不可拆卸式，按催化剂载体的结构不同，TWC 可分为颗粒型和蜂巢型两种类型，前者将催化剂沉积在颗粒状氧化铝载体表面，后者将催化剂沉积在蜂巢状氧化铝载体表面，氧化铝表面有形状复杂的表层，可增大催化剂与废气的实际接触面积。

当废气经过净化器时，铂催化剂就会促使 HC 与 CO 氧化生成水蒸气和二氧化碳；铑催化剂会促使 NO_x 还原为氮气和氧气。

（三）TWC 的转换效率及影响因素

TWC 的转换效率是指废气经过净化器后，催化剂使 HC、CO 和 NO_2 氧化还原成水蒸气、二氧化碳和氮气的程度。

TWC 将有害气体转变成无害气体的效率受诸多因素的影响，其中影响最大的是混合气的浓度和排气温度。另外，铅和硫等元素对催化转换器会造成负面的影响，因为铅和硫等会与催化活性物质作用形成新的结晶体结构或沉积在催化物质上面，从而破坏催化物质的表面活性，这就是所谓的催化器中毒，是影响催化器寿命的最为严重的物理现象。因此，使用催化转换器的前提是汽油的无铅化。硫则主要对稀土类催化器的寿命有较大影响。

TWC 的转换效率与混合气浓度的关系如图 4-22 所示，只有在标准的理论空燃比 14.7 附近时，对废气中三种有害气体（HC、CO、NO_2）的转换效率均比较高。混合气过浓或过稀时，都将使 TWC 的转换效率降低。在发动机工作中，为将实际空燃比精确控制在标准理论空燃比附近，在使用三元催化转换装置的汽车上，一般都装有氧传感

器来检测废气中的氧浓度，氧传感器将信号输送给 ECU，用来对空燃比进行反馈控制，此即电控燃油喷射系统的闭环控制。

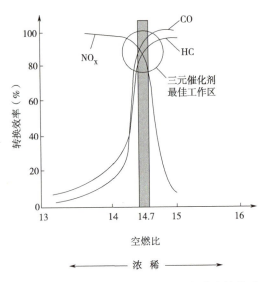

图 4-22 TWC 的转换效率与混合气浓度的关系

氧传感器安装在 TWC 与发动机之间的排气管或排气歧管上，将检测到的废气中氧浓度信号输送给 ECU，ECU 根据此信号对喷油器的喷油量进行修正，使实际的空燃比更接近理论空燃比。当发动机的排气温度过高（800 ℃ 以上）时，TWC 的转换效率将明显下降。所以，有些发动机装有排气温度传感器及报警装置，当电脑收到排气温度传感器高温信号时，会使发动机熄火并发出报警信号。

五、二次空气喷射系统

（一）二次空气喷射系统的功能

（1）将新鲜空气送入排气管，促使废气中的 CO 和 HC 进一步氧化，从而降低 CO 和 HC 的排放量。

（2）给三元催化转换器加热。

（二）二次空气喷射系统的组成与工作原理

根据控制原理不同，二次空气喷射系统一般分为空气喷射式和吸气式两种。

空气喷射式二次空气喷射系统主要由真空阀、空气泵、空气喷射阀、电磁阀和 ECU 等组成，如图 4-23 所示。真空阀控制空气喷射阀的工作，空气泵为电动式，提供一定压力的空气，ECU 控制电磁阀工作。当 ECU 给电磁阀通电时，空气泵将新鲜空气强制送入排气管。

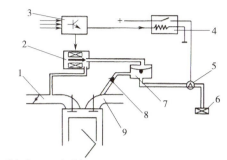

1—进气管；2—电磁阀；3—ECU；4—继电器；5—空气泵；
6—空气滤清器；7—真空气室；8—单向阀；9—排气管

图 4-23　空气喷射式二次空气喷射系统的结构

六、二次空气供给系统的检修

（一）故障现象

（1）系统不工作，导致尾气排放超标。

（2）系统工作失常，导致排气管温度过高。

（二）检查方法及步骤

（1）检查各连接管路有无破损或漏气，必要时更换连接软管。

（2）发动机低温启动后，拆下空气滤清器盖，应能听到舌簧阀发出的"嗡、嗡"声。

（3）拆下二次空气供给软管，用手指盖住软管口检查，使发动机怠速运转，手指应感到有真空吸力；70 s 后，且发动机温度在 63 ℃以上时，应无真空吸力；发动机转速从 4 000 r/min 急减速时，应有真空吸力。

（4）拆下二次空气控制阀，从空气滤清器侧吹入空气应不通；用手动真空泵从空气滤清器侧施加 20 kPa 真空度，吹入空气应通畅；若不符合上述要求，说明膜片阀工作不良，应检修或更换。

（5）测量二次空气电磁阀的电阻，一般应为 36~44 Ω。

（6）给电磁阀接通蓄电池电源时，从进气管侧软管接头吹入空气应畅通，从通大气的滤网处吹入空气应不通；当电磁阀不通电时，从进气管侧软管接头吹入空气应不通，从通大气的滤网处吹入空气应畅通。

习题

（一）填空题

1. CO 主要是_____的不完全燃烧产物。

2. 为减少 CO 和 HC 的排放量，可采用_____转换器。

3. NO_x 发生在与燃烧反应相伴的_____的环境中。

4. 随着发动机转速和负荷减小，EGR 阀开度将（增大/减小）。

（二）选择题

1. EGR 的作用是（　　）。

A. 将废气中未完全燃烧的可燃混合气重新燃烧，避免浪费

B. 废气可以抑制燃烧，使燃烧温度降低

C. 降低排气背压，从而减少氮氧化物的产生

D. 降低燃烧温度，减少碳氢化合物的产生

2. 发动机排放的未完全燃烧的烃类物质是一种有害污染物，代表符号是（　　）。

A. HO
B. OH
C. HC
D. CH

3. 对于汽油机而言，随着空燃比（A/F）的增加，NO_x 的浓度（　　）。

A. 逐渐增大
B. 不变
C. 逐渐减小
D. 逐渐增大然后减小

4. 下列哪一项措施对降低 NO_x 有利？（　　）

A. 进气温度控制
B. 氧化催化转换器
C. 热反应器
D. 废气再循环

5. 发动机排出的废气中，主要有害污染物质是（　　）。

A. CO、HC、NO_x
B. CO_2、HC、NO_x
C. SO_2、HC、NO_x
D. SO_2、Pb、P

（三）名词解释

1. 废气再循环（EGR）系统

2. 排气再循环率

3. 空燃比

（四）简答题

1. 分析废气再循环系统对减少尾气排放和提高燃油利用率的影响。

2. 简要说明因积碳堵塞，废气再循环系统的检修流程和注意事项。

模块五　电控发动机点火系统

电控发动机点火系统模块主要包括两个项目：点火系统概述和曲轴位置传感器。

电控发动机点火系统 ── 点火系统概述
　　　　　　　　　└── 曲轴位置传感器

项目一 点火系统概述

【项目目标】

知识目标：

1. 掌握电控点火系统的组成及类型

2. 掌握电控点火系统的工作原理

3. 掌握电控点火系统主要组成件的作用

技能目标：

1. 能正确识别、更换点火系统的零部件

2. 能查阅电路图册，掌握电控点火系统的检查方法

素质目标：

1. 在操作过程中树立安全意识

2. 通过制定故障检修流程，具备分析问题、解决问题的能力

3. 能在工作结束后按照 7S 管理规定整理、恢复作业场地，养成良好的工作习惯

4. 通过宣传先进典型、劳动模范和技能竞赛获奖选手在各自岗位上拼搏奋斗的故事，大力弘扬劳模精神、工匠精神，激励广大青年走技能成才、技能报国之路

【任务描述】

一辆 2018 款大众速腾轿车的发动机在高、中、低速时消声器发出有节奏的"突突"声，且怠速稍高和慢加速时现象明显，拉阻风门无好转，观尾气稍有黑烟。经维修技师初步诊断，确定为点火系统的检测故障。请根据该故障现象制定一份点火系统故障检修方案，完成点火系统故障诊断与排除。

【获取信息】

点火系统是汽油发动机重要的组成部分，它能够在火花塞两电极间产生电火花，点燃新鲜的油气混合气，从而驱动车辆行驶。点火系统性能良好与否对发动机的功率、油耗和排气污染等影响很大。

随着电控点火系统的不断完善，电控点火系统已广泛应用在汽车上。电控点火系统控制功能包括点火提前角控制、通电时间控制和爆震控制三个方面。电控点火系统主要的优点是：

（1）采用点火提前角控制，保证发动机在各种工况下都可获得最佳的点火提前角，从而使发动机的动力性、经济性、排放性及工作稳定性等均处于最佳水平。

（2）采用通电时间控制，保证在发动机工作过程中，ECU对点火线圈初级电路的通电时间和电流进行控制，从而使点火线圈中存储的点火能量保持恒定，不仅能提高点火的可靠性，而且可有效地减少电能消耗，防止点火线圈烧损。

（3）采用爆震控制，可使点火提前角控制在爆震的临界状态，以此获得最佳的燃烧过程，有利于发动机各方面性能的提高。

一、有分电器电控点火系统

（一）组成

有分电器电控点火系统由电源、各种传感器、ECU、点火器、点火线圈、分电器、火花塞等组成，如图5-1所示。各组成件的作用如下：

（1）凸轮轴/曲轴位置传感器：检测凸轮轴和曲轴的位置，并向ECU输送信号，以便控制点火正时和确定基本点火提前角；输送进气量信号，以便确定基本点火提前角。

（2）空气流量计（或进气管绝对压力传感器）：检测并向ECU输送信号，用于修正点火提前角。

（3）冷却液温度传感器：检测并向ECU输送发动机冷却液温度信号，用于修正点火提前角。

（4）节气门位置传感器：检测并向ECU输送节气门开度信号，以便ECU根据发动机负荷对点火提前角进行修正。

（5）启动开关：检测发动机的工作状态，向ECU输送发动机正在启动的信号，是发动机启动时对点火提前角进行控制的主信号。

（6）空调开关：检测空调系统的工作状态，向ECU输送空调正在工作的信号，用于发动机怠速工况下对点火提前角进行修正。

（7）车速传感器：检测并向ECU输送车速信号，用于对点火提前角进行修正。

（8）ECU：不断地接收各传感器的信息，按内存的程序计算出最佳点火提前角，并向点火器发出指令。

（9）点火器：点火器是电控点火系统的执行元件，它可将电子控制系统输出的点火信号进行功率放大，驱动点火线圈工作。

（10）点火线圈：点火线圈可将火花塞跳火所需的能量存储在线圈的磁场中，并将电源提供的低压电转变为足以在电极间产生击穿点火的15~20 kV高压电。

（11）分电器：在有分电器的电控点火系统中，分电器根据发动机的点火顺序，将点火线圈产生的高压电依次输送给各缸火花塞。

（12）火花塞：主要是利用点火线圈产生的高压电产生电火花，点燃气缸内的混合气。

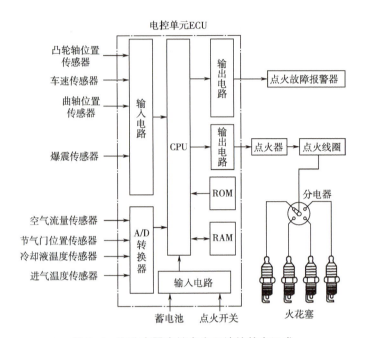

图 5-1 有分电器电控点火系统的基本组成

（二）配电方式

发动机工作时，ECU 根据各传感器信号确定某缸点火时，向点火器发出指令信号，点火器控制点火线圈内初级电路通电或断电。当点火线圈中的初级电路断电时，次级线圈产生的高压电输送给分电器，分电器按照发动机的点火顺序，依次将高压电输送给各缸火花塞，火花塞跳火，点燃气缸内的混合气。这种配电方式称分电器配电方式。

> **想一想：** 有分电器电控点火系统的主要特点是什么？
>
> _____
>
> _____

二、无分电器电控点火系统

无分电器电控点火系统由电源、传感器、ECU、点火器、点火线圈、火花塞等组成，如图 5-2 所示。点火控制方式有双缸同时点火和单缸独立点火两种。

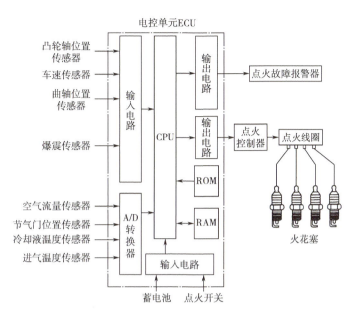

图 5-2　无分电器电控点火系统的基本组成

（一）双缸同时点火控制

双缸同时点火控制方式分为二极管分配高压电方式和点火线圈分配高压电方式两种。

1. 二极管分配高压电方式

二极管分配高压电双缸同时点火控制的方式如图 5-3 所示。对于四缸发动机，四个气缸共用一个点火线圈，点火线圈为内装双初级绕组、双输出次级绕组的点火线圈，利用线圈要求较高，而且发动机的气缸数必须是数字 4 的整数倍，所以在应用上受到一定的限制。

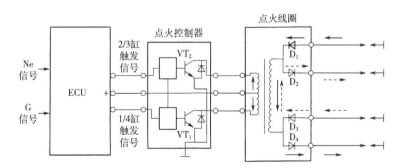

图 5-3　二极管分配高压电双缸同时点火控制方式

2. 点火线圈分配高压电方式

以六缸发动机为例，两个气缸点火线圈分配高压电双缸同时点火的方式如图 5-4 所示。中华尊驰、桑塔纳均使用一个点火线圈，点火线圈的数量等于气缸数的一半，

1/6 缸、2/5 缸及 3/4 缸的活塞分别同时到达上止点，称为同步缸，两同步缸共用一个点火线圈，两个缸的火花塞与共用的点火线圈中的次级线圈串联。

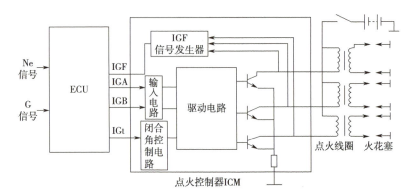

图 5-4　点火线圈分配高压电双缸同时点火技术

当点火线圈初级电路断电时，一个气缸接近压缩行程的上止点，火花塞跳火点燃该缸的混合气，称为有效点火；而另一气缸接近排气行程的上止点，火花塞跳火不起作用，称为无效点火。由于处于排气行程气缸内的压力很低，加之废气中导电离子较多，其火花塞很容易被高压电击穿，消耗的能量就非常少，所以不会对压缩行程气缸点火产生影响。

（二）单缸独立点火控制

单缸独立点火控制如图 5-5 所示，其特点是每缸有一个点火线圈，即点火线圈的数量与气缸数相同。在发动机转速较高时，点火线圈的通电时间较长，这样点火能量较高，分火性能好；点火线圈不易发热；体积较小，一般压装在火花塞上。但该控制系统的结构和控制电路较复杂。

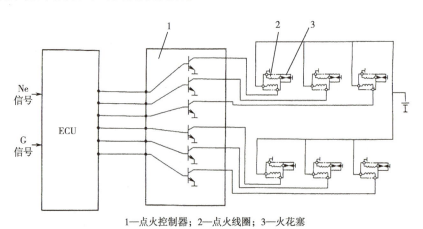

1—点火控制器；2—点火线圈；3—火花塞

图 5-5　单缸独立点火控制方式

三、点火提前角

发动机工作时任何工况都需要一个点火提前角，最佳的点火提前角是保证发动机的动力性、燃油经济性和排放性最佳的前提。当点火提前角过大时，会造成缸内最高压力升高，爆震倾向大。当点火提前角过小时，燃烧最高压力和温度下降，传热损失增多，排气温度升高。所以，为了保证发动机每一工况下点火提前角均为最佳，即最高压力出现在上止点后 10°~15° 曲轴转角时进行点火，必须通过电控方式来实现。

（一）点火提前角的控制

ECU 根据发动机的工况不同，对点火提前角的控制分为启动时控制和启动后控制。

1. 启动时点火提前角的控制

发动机启动时，由于转速变化大，进气管绝对压力传感器信号或空气流量计信号不稳定，ECU 无法正确计算点火提前角；而是 ECU 根据转速信号和启动开关信号，参照内存储的初始点火提前角（设定值）对点火提前角进行控制，一般设定值为上止点前 10° 左右（因发动机型号而异）。

2. 启动后点火提前角的控制

启动后点火提前角由基本点火提前角和修正角（或修正系数）组成。

（1）基本点火提前角。启动后点火提前角由基本点火提前角和修正角（或修正系数）组成。

（2）怠速工况时基本角的确定：ECU 根据节气门位置传感器信号（IDL 信号）、发动机转速传感器信号（Ne 信号）和空调开关信号（A/C 信号）来确定，如图 5-6 所示。

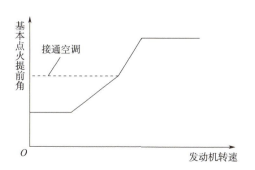

图 5-6 怠速时基本点火提前角的确定

（3）其他工况下的基本角：ECU 根据发动机的转速和负荷对照存储器中存储的基本点火提前角控制模型来确定，如图 5-7 所示。

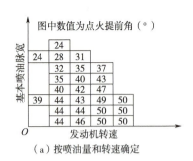

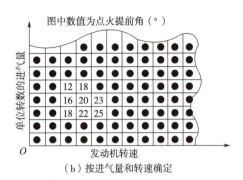

图 5-7　基本点火提前角控制模型

（二）点火提前角的修正

1. 冷却液温度的修正

发动机暖机过程中，随冷却水温的升高，混合气的燃烧速度加快。燃烧过程所占的曲轴转角减小，点火提前角也应适当减小，如图 5-8（a）所示。

发动机怠速运行工况（IDL 触点接通）时，冷却液温度过高，一般是因为燃烧速度慢，散热损失多，燃烧过程占的曲轴转角过大，为了避免发动机长时间过热，应增大点火提前角，如图 5-8（b）所示。

发动机正常运行工况（怠速触点 IDL 断开）时，冷却液温度过高，爆震倾向逐渐增大，为了避免产生爆震，应减小点火提前角，如图 5-8（c）所示。

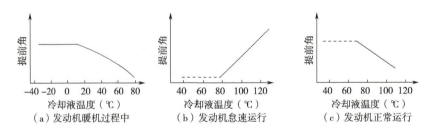

图 5-8　点火提前角与冷却液温度信号的关系

2. 发动机转速的修正

发动机在怠速运转过程中，由于负荷等因素的变化会导致转速改变，所以 ECU 必须根据实际转速与目标转速的差值修正点火提前角，以保持发动机在规定的怠速转速下稳定运转。如空调开关信号（A/C 信号）发生变化时，ECU 通过修正点火提前角，来稳定怠速转速，如图 5-9 所示。空调开关接通时，点火提前角应增大；空调开关断开时，点火提前角应减小。

3. 喷油量的修正

在空燃比反馈控制系统中，ECU 是根据氧传感器的反馈信号调整喷油量的多少来达到最佳空燃比控制的，所以这种喷油量的变化必然带来发动机转速的变化。为了稳定发动机转速，点火提前角需根据喷油量的变化进行修正，如图 5-10 所示。当喷油量增多时，点火提前角应减小；当喷油量减少时，点火提前角应增大。

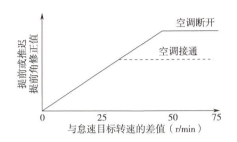

图 5-9　点火提前角与空调开关信号的关系

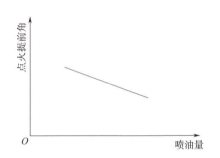

图 5-10　点火提前角随喷油量变化关系

四、通电时间控制的必要性

在点火线圈的初级电路被接通后，其初级电流按指数规律增长，通电时间长短决定初级电流的大小。当初级电流达到饱和时，若初级电路被断开，此时瞬间初级电流达到最大值（即断开电流），感应次级电压达到最大值。次级电压升高，会使火花塞点火能力增强，所以在发动机工作时，必须保证点火线圈的初级电路有足够的通电时间。但如果通电时间过长，点火线圈又会发热并增大电能消耗。所以，通电时间过长过短，都会给点火系统带来不利影响。为了保证点火线圈的工作性能，必须对初级电路的通电时间进行控制。

（一）通电时间控制

在现代电控点火系统中，通过凸轮轴/曲轴位置传感器把发动机工作信号输送给 ECU，ECU 根据存储在内部的闭合角（通电时间）控制模型（如图 5-11 所示），控制点火线圈初级电路的通电时间。发动机工作时，ECU 根据发动机转速信号（Ne 信号）和电源电压信号确定最佳的闭合角（通电时间），并向点火器输出执令信号（IGt 信

号），以控制点火器中晶体管的导通时间，并随发动机转速提高和电源电压下降，闭合角增大（通电时间延长）。

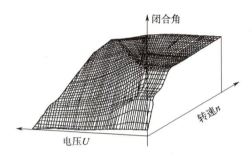

图 5-11　闭合角（通电时间）控制模型

（二）恒流控制

现代电控点火系统都采用高能点火线圈，电阻很小。所以，为了增加其使用寿命，在控制电路中增加了恒流控制电路，保证在任何转速下点火线圈初级电流均为规定值 7 A，从而既改善了点火性能，又能防止初级电流过大而烧坏点火线圈。

习题

（一）填空题

1. 电控点火系统控制功能包括_____、_____和_____三个方面。

2. 发动机工作时任何工况都需要一个_____，它是保证发动机的动力性、燃油经济性和排放性最佳的前提。

3. ECU 根据发动机的工况不同，对点火提前角的控制分为_____和启动后控制。

4. 有分电器电控点火系统由_____、_____、_____、点火器、点火线圈、分电器、火花塞等组成。

5. 单缸独立点火控制的特点是每缸有一个点火线圈，即_____的数量与气缸数相同。

（二）判断题

1. 在控制电路中增加恒流控制电路，能防止初级电流过大而烧坏点火线圈。

（　　）

2. 启动后点火提前角由基本点火提前角和修正角组成。（　　）

3. 冷却液温度传感器检测并向 ECU 输送发动机冷却液温度信号，用于修正点火提前角。

（　　）

4. ECU 根据发动机的转速和负荷对照存储器中存储的基本点火提前角控制模型来确定。　　　　　　　　　　　　　　　　　　　　　　　　（　　）

（三）选择题

1. 点火线圈将电源提供的低压电转变为足以在电极间产生击穿点火的（　　）高压电。

A. 5~10 kV
B. 10~15 kV
C. 15~20 kV
D. 20~25 kV

2. 为了保证发动机每一工况下点火提前角均为最佳，即最高压力出现在上止点后（　　）曲轴转角时进行点火，必须通过电控方式来实现。

A. $5°~10°$
B. $10°~15°$
C. $15°~20°$
D. $20°~25°$

（四）简答题

1. 简述电控点火系统的主要优点。

2. 简述无分电器电控点火系统的组成。

项目二 曲轴位置传感器

【学习目标】

知识目标：

1. 掌握爆震控制的意义
2. 掌握爆震控制方法及其工作原理
3. 掌握爆震控制系统

技能目标：

1. 能正确识别、更换爆震系统的零部件
2. 能查阅电路图册，掌握爆震系统的检查方法

素质目标：

1. 在操作过程中树立安全意识
2. 通过制定故障检修流程，具备分析问题、解决问题的能力
3. 能在工作结束后按照 7S 管理规定整理、恢复作业场地，养成良好的工作习惯
4. 通过宣传先进典型、劳动模范和技能竞赛获奖选手在各自岗位上拼搏奋斗的故事，大力弘扬劳模精神、工匠精神，激励广大青年走技能成才、技能报国之路

【任务描述】

一辆大众速腾轿车，发动机在高、中、低速时消声器发出有节奏的"突突"声，且怠速稍高和慢加速时现象明显拉阻风门无好转，观尾气稍有黑烟。经维修技师初步诊断，确定为点火系统的检测故障。请根据该故障现象制定一份点火系统故障检修方案，完成电动燃油泵故障诊断与排除。

【获取信息】

一、爆震控制的必要性

发动机工作过程中，燃料燃烧的火焰在传播的过程中会使未燃混合气进一步受到压缩和热辐射的作用。如果在火焰前锋尚未到达之前末端混合气已经自燃，则这部分混合气燃烧速度极快，火焰速度可达每秒百米甚至数百米以上，使燃烧室内的局部压力、温度很高，并伴随有冲击波。压力冲击波反复撞击缸壁，发出尖锐的敲缸声，这种现象称为爆震燃烧。爆震燃烧是一种不正常燃烧，轻微时，可使发动机功率上升，油耗下降；严重时，气缸内发出特别尖锐的金属敲击声，且会导致冷却液过热，功率下降，耗油率上升。所以，应对爆震燃烧加以控制。

二、爆震控制方法

在无爆震控制的点火系统中，通过点火时刻的设定可防止爆震的产生，但会导致发动机的动力性、经济性下降。

在电控点火系统中，爆震传感器把气缸体上的振动转换成电压信号输送给 ECU，ECU 对信号进行滤波处理，并判断有无发生爆震及爆震的强度。有爆震时，则逐渐减小点火提前角（推迟点火），直到爆震消失为止。无爆震时，则逐渐增大点火提前角（提前点火）。当再次出现爆震时，ECU 又开始逐渐减小点火提前角。爆震控制过程（如图 5-12 所示）就是对点火提前角进行反复调整的过程。发动机工作时，ECU 根据节气门位置传感器信号判断发动机的负荷大小，从而决定点火系统采用闭环控制还是开环控制。发动机负荷较小时，发生爆震的可能性几乎为零，所以电控点火系统在此负荷范围内采用开环控制模式。而当发动机的负荷超过一定值时，电控点火系统自动转入闭环控制模式。

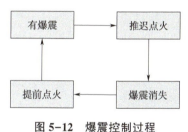

图 5-12　爆震控制过程

三、爆震控制系统

（一）爆震控制系统的组成

爆震控制系统主要由爆震传感器、点火控制器、火花塞和 ECU 等组成，如图 5-13 所示。ECU 根据爆震传感器的信号对点火提前角实行反馈控制。

（二）工作原理

爆震传感器安装在气缸体上，检测发动机不同频率范围内的机械振动，发生爆震时，爆震传感器向 ECU 输送的信号先经过滤波电路进行过滤，只允许特定频率范围的爆震信号通过滤波电路。再将滤波后的信号峰值电压与爆震强度基准值进行比较，若其值大于爆震强度基准值，控制系统可由此判定有爆震，并以某一固定值逐渐减小点火提前角。若滤波后的信号峰值电压低于爆震强度基准值，控制系统则由此判定无爆震，并以某一

固定值逐渐增大点火提前角。同时，ECU 根据爆震信号超过基准值的次数来判定爆震强度，其次数越多爆震强度越大，次数越少则爆震强度越小，如图 5-14 所示。

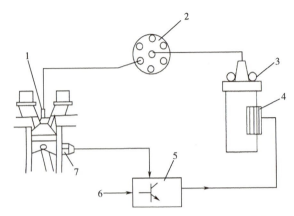

1—火花塞；2—分电器；3—点火线圈；4—点火器；5—ECU；6—其他传感器信号；7—爆震传感器信号

图 5-13　爆震控制系统的组成

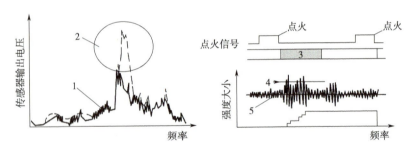

1—无爆震电压波；2—产生爆震电压波；3—爆震识别区域；4—爆震确定基准；5—爆震传感器输出信号

图 5-14　爆震信号的确定

ECU 内设有爆震信号识别电路（如图 5-15 所示），用于确定发动机是否发生爆震。只有在能够识别发动机点火后爆震且可能发生的一段曲轴转角范围内，控制系统才允许对爆震信号进行识别。

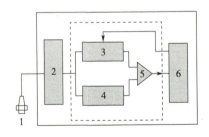

1—火花塞；2—滤波电路；3—峰值检测电路；4—与基准值比较电路；5—爆震判断电路；6—微处理电路

图 5-15　爆震识别电路

四、爆震传感器

（一）作用与分类

爆震传感器（detonation sensor，DS）是电控点火系统实现点火时刻闭环控制的重要元件，安装在发动机缸体侧面，其功用是将发动机爆震信号转换为电信号传递给ECU，ECU根据爆震信号对点火提前角进行修正，从而使点火提前角保持最佳。

按对缸体振动频率检测的方式不同，爆震传感器分为共振型与非共振型两种；按结构分为压电式和磁电式两种。通用和日产汽车采用了磁电式爆震传感器。速腾 1.8 L 型、桑塔纳 2000GSi，捷达 AT、GTX 型等国产轿车采用了压电式爆震传感器。爆震传感器外形及安装位置如图 5-16 所示。

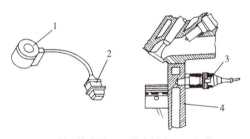

1，3—爆震传感器；2—线束插头；4—缸体

图 5-16　爆震传感器外形及安装位置

（二）工作原理

1. 磁电共振型

磁电共振型爆震传感器主要由感应线圈、铁芯、永久磁铁和壳体等组成，如图 5-17 所示。铁芯用高镍合金制成，在其一端设置有永久磁铁，另一端安放在弹性部件上。感应线圈绕制在铁芯的周围，线圈两端引出电极与控制线路连接。

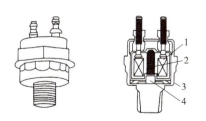

1—感应线圈；2—铁芯；3—壳体；4—永久磁铁

图 5-17　磁电共振型爆震传感器

当发动机缸体产生振动时，铁芯就会随之产生振动，感应线圈中的磁通量就会发

生变化。由电磁感应原理可知，线圈中会感应产生交变电动势，即传感器就有信号电压输出，输出电压高低取决于发动机的振动强度和振动频率。当发动机缸体振动频率达到6~9 kHz，即与传感器的固有频率相同时，传感器产生共振，振动强度最大，线圈中产生的电压最高，即传感器输出的信号电压最大，如图5-18所示。

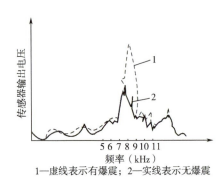

1—虚线表示有爆震；2—实线表示无爆震

图5-18　共振型爆震传感器信号波形

2. 压电共振型

压电共振型爆震传感器利用压电效应原理检测发动机爆震。检测发动机爆震的方法有三种：一是检测发动机燃烧室压力的变化；二是检测发动机缸体振动频率；三是检测混合气燃烧噪声。现代汽车广泛通过检测发动机缸体振动频率来检测爆震，这种传感器具有测量精度高、安装方便且输出电压较高等优点，但通用性差。

压电共振型爆震传感器主要由压电元件、振子、基座、壳体等组成，如图5-19所示。压电元件紧贴在振子上，振子则固定在基座上。压电元件检测振子的振动压力，并转换成电信号输送给ECU。

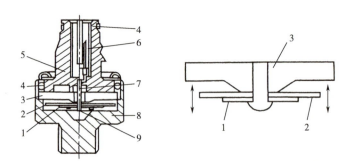

1—压电元件；2—振子；3—基座；4—"O"形密封圈；5—连接器；6—接头；7—密封剂；8—壳体；9—引线

图5-19　压电共振型爆震传感器

3. 压电非共振型

共振型爆震传感器只能用于特定的发动机，不能与其他发动机互换使用，装车自由度很小，美国汽车大多采用这种传感器。非共振型爆震传感器的突出优点是适用于所有的发动机，装车自由度很大。但其输出电压较低，频率特性平缓且频带较宽，需要配用带通滤波器，信号处理比较复杂，通过调整滤波器的频率范围可使传感器用于不同发动机，通用性强。中国、日本和欧洲汽车大部分采用这种传感器。

压电非共振型爆震传感器主要由套筒、压电元件、惯性配重、塑料壳体和接线插座等组成，如图 5-20 所示。

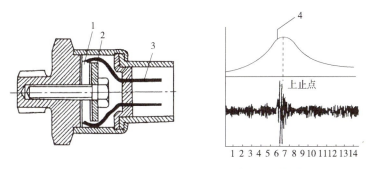

1—压电元件；2—惯性配重；3—信号输出线；4—爆震压力波

图 5-20　压电非共振型爆震传感器

压电元件制成垫圈形状，在其两个侧面上制作有金属垫圈作为电极，并用导线引到接线插座上。惯性配重与压电元件以及压电元件与传感器套筒之间安放有绝缘垫圈，套筒中心制作有螺孔，传感器用螺栓安装固定在发动机缸体上，调整螺栓的拧紧力矩便可调整传感器的输出电压。

4. 垫圈压力型

垫圈压力型传感器是一种非共振压电型传感器，如图 5-21 所示。

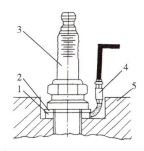

1—爆震传感器；2—垫圈；3—火花塞；4—线束插头；5—缸盖

图 5-21　垫圈压力型传感器

传感器安装在火花塞垫圈与发动机气缸盖之间，每缸安装一个，燃烧压力作用到火花塞上，经过火花塞垫圈再传递给传感器，测量燃烧压力。发动机工作时，各缸的

燃烧压力通过压电元件检测各缸的爆震信息，并转换成电信号输送给 ECU。

（三）爆震传感器检测

速腾 2011 款 1.4 L 型轿车采用一只压电式爆震传感器，安装时要保证固定螺栓的拧紧力矩准确，以防爆震传感器爆震信号传输错误。

1. 万用表检测

拔下传感器线束插头，如阻值过大或为无穷大，说明线束与端子接触不良或断路，应予修理。一般可通过测量电阻的方法对爆震传感器进行粗略的检测。检测时，断开点火开关。对磁带伸缩式爆震传感器，由于其传感器内部采用了感应线圈，故用万用表检测时应有一定的电阻值，电阻值为零或无穷大均表示感应线圈有短路或断路故障；对压电式爆震电阻值为零，表示有短路故障。爆震传感器，由于传感器是用压电材料制作的，故用万用表检测时，其电阻值应为无穷大，端子 1 是传感器信号输入线，端子 2 是传感器负极线，端子 3 是传感器屏蔽线，电路连接及线束插头如图 5-22 所示。端子 1 与 2 之间阻值应大于 1 MΩ；端子 1 与 3 之间阻值应大于 1 MΩ；端子 2 与 3 之间阻值应小于 1 Ω。检测时，断开点火开关，拔下传感器线束插头。

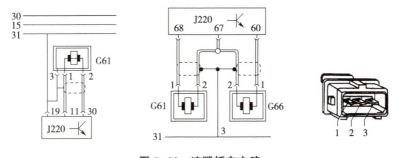

图 5-22　速腾轿车电路

用 V. A. G1552 检测桑塔纳 2000GSi 型轿车爆震传感器的步骤如下：

（1）输入地址码 01，输入 08 读取测量数据组。输入组号 13，读取 4 个缸的爆震控制点火滞后角数据（发动机大油门，3 挡行驶，水温大于 80 ℃），应在 0°～15°。

（2）输入组号 14 和 15，分别读取 4 个缸的爆震控制点火滞后角数据（某一转速和负荷下），应在规定范围内。

（3）输入组号 16，读取爆震传感器信号电压（发动机怠速），应为 0.3～1.4 V。同时要求各缸爆震传感器信号电压之间的偏差不得大于 50%。（注意：猛踩加速踏板时爆震传感器信号最大可达 5.1 V。）

2. 示波器检测

用示波器测试爆震传感器波形，可以判定传感器工作性能的好坏。首先连接示波器，启动发动机并怠速运转，可对发动机加载，再查看波形显示。波形的峰值电压和频率将随发动机的负荷和转速的增加而增加。若发动机点火过早、燃烧温度不正常、废气再循环不正常，其幅度和频率也会增加，如图 5-23 所示。

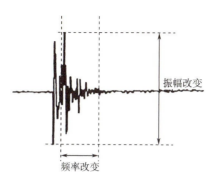

振幅改变

频率改变

图 5-23　爆震传感器标准波形

打开点火开关，不启动发动机，用金属物敲击爆震传感器附近的缸体。在敲击发动机缸体后，示波器上应有一突变波形，敲击越大，幅值也越大。如果波形显示只是一条直线，则说明爆震传感器没有信号输出，应检查线路和爆震传感器。

习题

(一) 填空题

1. 爆震控制系统主要由_____、_____、_____和_____等组成。

2. 压电共振型爆震传感器利用_____检测发动机爆震。

3. 按检测缸体振动频率的检测方式不同，爆震传感器分为_____与非共振型两种；按结构分为_____和_____两种。

4. ECU 根据爆震传感器的信号对_____实行反馈控制。

(二) 判断题

1. 垫圈压力型传感器是一种非共振压电型传感器。　　　　　　　　　　(　　)

2. 爆震燃烧是一种不正常燃烧，可使发动机功率上升，油耗上升。　　(　　)

3. 压电共振型爆震传感器具有测量精度高、安装方便且输出电压较高等优点，但通用性差。　　　　　　　　　　　　　　　　　　　　　　　　　　　　(　　)

4. 爆震传感器把气缸体上的振动转换成电压信号输送给 ECU，对信号进行滤波处理，并判断有无发生爆震及爆震的强度。　　　　　　　　　　　　　　　(　　)

(三) 选择题

1. 当发动机缸体振动频率达到 (　　) 时，线圈中产生的电压最高，即传感器输

出的信号电压最大。

A. 4~6 kHz

B. 5~7 kHz

C. 6~8 kHz

D. 6~9 kHz

2. 爆震传感器信号电压应为（　　　），同时要求各缸爆震传感器信号电压之间的偏差不得大于（　　　）。

A. 0.1~1.2 V　30%

B. 0.2~1.3 V　40%

C. 0.3~1.4 V　50%

D. 0.4~1.5 V　40%

（四）简答题

1. 简述爆震控制系统的组成。

2. 简述爆震传感器的作用及分类。

3. 简述爆震控制系统的工作原理。

模块六　发动机电控系统综合故障诊断

发动机电控系统综合故障诊断模块主要包括四个项目：电控发动机综合故障诊断程序、发动机不能启动故障诊断、发动机启动困难故障诊断和发动机运转不良故障诊断。

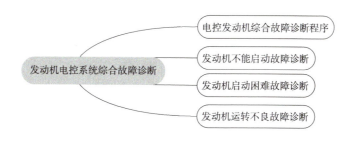

项目一　电控发动机综合故障诊断程序

🚗【项目目标】

知识目标：

1. 了解电控发动机维修注意事项

2. 掌握电控发动机故障诊断原则、出现故障的原因

技能目标：

1. 掌握电控发动机故障诊断方法

2. 掌握电控发动机故障诊断一般流程

3. 能完成电控发动机故障诊断作业

素质目标：

1. 在操作过程中树立安全意识

2. 通过制定检测与维修流程，具备分析问题、解决问题的能力

3. 能在工作结束后按照 7S 管理规定整理、恢复作业场地，养成良好的工作习惯

4. 通过宣传先进典型、劳动模范和技能竞赛获奖选手在各自岗位上拼搏奋斗的故事，大力弘扬劳模精神、工匠精神，激励广大青年走技能成才、技能报国之路

🚗【任务描述】

一辆 2018 款大众速腾轿车的发动机出现多种问题，如发动机运转不良、发动机不易启动、发动机启动不着火等。请根据该故障现象制定一份故障检修方案，完成发动机故障诊断与排除。

🚗【获取信息】

一、故障诊断的注意事项

（1）接通点火开关时，不允许拆开任何 12 V 电气装置，防止电气装置中的线圈由于自感作用产生瞬时电压而损坏 ECU 或传感器。

（2）发动机故障灯亮或出现故障时，不可断开蓄电池连接线，应读取故障码后，根据故障显示部位再进行维修。

（3）故障诊断时，应先排除机械故障，再进行电控系统维修。

（4）对燃油系统检修前，应拆开蓄电池负极，以免损坏电控系统元件。

（5）加装电气设备应远离 ECU，防止干扰，或加装防干扰屏蔽设施。

（6）电控发动机不宜安装功率较大（8 W 以上）的电磁辐射装置，防止电磁干扰。

（7）线束不应有油污、潮湿、松动，保持连接器清洁、连接可靠。

（8）蓄电池的极性不许接反，禁用外接电源启动发动机，以免电压过高损坏电控系统元件。跨接启动其他车辆或用其他车辆跨接车时，须先断开点火开关，才能跨接。

（9）必须使用无铅汽油，定期更换燃油滤清器。油箱不应缺油，防止油泵烧毁。

（10）维修中，注意该车型线束连接器的锁扣型号，不可盲目用力硬拉。安装时要插接到位，锁扣锁住。

（11）对电控系统电路或元件进行检查时，不能用试灯法去测试任何与微机连接的电气装置，必须使用高阻抗数字万用表检查电压、电阻或电流。

（12）发动机熄火后，燃油供给系统残余压力仍较高，对该系统进行拆检前，必须释放燃油系统的残余压力。

（13）微机必须防止高温、高湿、受到剧烈振动等。ECU 或传感器禁止用水直接冲洗。

（14）带有安全气囊系统的车辆，在检修过程中必须严格按操作程序进行。

（15）在车身上进行电弧焊时，应先断开蓄电池负极线，以免损坏电控系统元件。

二、故障诊断的基本原则

电控发动机发生故障时的检测诊断，应按照先机械后电子、先一般后专项、先易后难的规则进行处理。电控发动机故障诊断排除的基本原则可概括为以下六点。

（一）先外后内

在发动机出现故障时，先对电子控制系统以外的可能故障部位予以检查。这样可避免本来是一个与电子控制系统无关的故障，却对系统的传感器、微机、执行器及线路等进行复杂且又费时费力的检查。

（二）先简后繁

对能以简单方法检查的可能故障部位先予以检查。比如，直观检查最为简单，人们可以用看（用眼睛观察线路是否有松脱、断裂；油路是否漏油；进气管路有无破损漏气等）、摸（用手摸一摸可疑线路连接处有无不正常的高温，以判断该处是否接触不良等）、听（用耳朵或借助旋具、听诊器等听一听有无漏气声，发动机有无异响，喷油器有无规律的"咔嗒"声等）等直观检查方法，将一些较为明显的故障迅速地找出来。直观检查未找出故障，需借助仪器、仪表或其他专用工具来进行检查时，也应对较容易检查的部位先予以检查，能就车检查的项目先进行检查。

（三）先熟后生

由于结构和使用环境等原因，发动机的某一故障现象可能是以某些总成或部件的故障最为常见，应先对这些常见故障部位进行检查；若未找出故障，再对其他不常见的可能故障部位予以检查。这样做往往可以迅速地找到故障，省时省力。

（四）代码优先

电子控制系统一般都有故障自诊断功能，当电子控制系统出现某种故障时，故障自诊断系统就会立刻监测到故障，并通过"检测发动机"等警告灯向驾驶员报警，同时以代码的方式存储该故障的信息。但是对于有些故障，故障自诊断系统检查前应先按制造厂提供的方法，读取故障代码，并检查和排除代码所指的故障部位。待故障代码所指的故障消除后，如果发动机故障现象还未消除，或者一开始就无故障代码输出，再对发动机可能的故障部位进行检查。

（五）先思后行

对发动机的故障现象先进行故障分析，在了解可能的故障原因的基础上再进行故障检查。这样可避免故障检查的盲目性，既不会对与故障现象无关的部位作无效的检查，又可避免对一些有关部位翻检而不能迅速排除故障。

（六）先备后用

电子控制系统的一些部件性能好坏、电气线路正常与否，常以其电压或电阻等参数来反映。如果没有这些数据资料，系统的故障检测将会很困难，往往只能采取替换新件的方法，这些方法有时会造成维修费用猛增且费工费时。所谓先备后用，是指在检修某型车辆时，应准备好维修该车型的有关检修数据资料。除了从维修手册、专业书刊上收集整理这些检修数据资料外，另一个有效的途径是利用无故障车辆，对其系统的有关参数进行测量并记录下来，作为日后检修同类型车辆的检测比较参数。平时注意做好这些工作，会给检查系统故障带来方便。

电控发动机是一个比较复杂的系统，其比普通发动机复杂得多，在诊断故障时需要系统掌握故障的综合检修步骤和方法。从原则上讲，在对电控发动机进行故障诊断时，需要系统全面地掌握电子控制系统的结构、原理和电路连接方法；明确电控系统中各部分可能产生的故障以及对整个系统的影响；运用科学的故障诊断方法对系统故障现象进行综合分析、判断，确定故障的性质和可能产生此类故障的原因和范围；制订合理的诊断程序进行深入诊断和检查，直到问题圆满解决，使汽车恢复应有的技术指标和性能。

装有电控发动机的汽车，微机通常都具有故障自诊断功能。当电控系统出现故障时，微机能将故障信息以代码的形式存储起来，并向驾驶员和汽车维修人员提供电控系统有关故障代码。这给诊断电控发动机故障提供了帮助，维修电控发动机时，要充分利用微机的这一功能。但是，微机只能对与控制系统有关的部分进行故障自诊断，并不是所有的故障都可以进行自诊断。另外，即便有了自诊断系统的诊断结果，往往还需要对故障原因进行进一步的深入诊断与检查。所以，在对电控发动机进行故障排除时，仅仅依靠故障自诊断系统不能完全解决电控发动机的所有问题。

如果要诊断排除一个可能涉及电控系统的故障，首先应判定该故障是否与电控系统有关（注意：电控发动机的故障并非一定出在电子控制系统）。如果发现发动机有故障而故障警告灯未亮（未显示故障代码），大多数情况下该故障可能与发动机电控系统无关。此时，就应该按照基本诊断程序进行故障检查，像发动机没有装电控系统那样。否则，可能一个本来与电控系统无关的故障，却检查了电控系统的传感器、执行器和电路等，花费很多时间，而没有找到真正的故障。

三、电控发动机故障的主要原因

（1）发动机 ECU 的故障：造成发动机启动困难、怠速不稳、油耗增大、动力性变差、排放超标等。

（2）燃油喷射系统的故障：包括汽油雾化不良、启动加浓不良、压力调节失灵。

（3）点火系统故障：包括点火线圈点火电压低、火花塞性能变差和点火系统的高低压线路连接不良。

（4）传感器和执行器故障：传感器和执行器出现故障将影响发动机正常运行。

（5）线束接触不良和断路、短路故障：汽车上从电源到负载部件之间的连线大都采用端子连接件。用端子连接，要求它们有极低的接触电阻，连接松动或出现腐蚀会引起负荷部件的额外电压降低，使发动机工作不良。

四、故障诊断的基本方法

（一）故障诊断基本程序

电控燃油喷射发动机发生故障后，进行故障诊断的基本程序如图 6-1 所示。

（二）故障码调取方法

调取故障码的基本方法有两种：一是使用随车自诊断系统调取；二是使用故障诊断仪调取。

（三）间歇性故障诊断

间歇性故障是指受外界因素（如温度、受潮、振动等）影响而有时存在、有时又自动消失的故障。间歇性故障诊断的方法包括：①振动法；②加热法；③电器全部接

通法；④水淋法；⑤道路试验法。

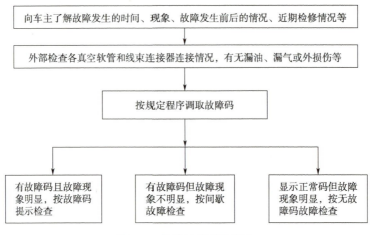

图 6-1　故障诊断基本程序

（四）无故障码故障诊断

无故障码故障是指在汽车行驶中有明显的故障现象，但故障指示灯不亮，按规定程序调取故障码时，显示正常码。

（五）故障诊断表

对电控系统按故障码提示或无故障码进行故障诊断时，如果通过基本检查不能查明故障原因，则可根据故障现象按故障诊断表进行检查。

五、故障诊断的一般流程

对电控发动机故障的诊断应有步骤地进行。故障诊断的一般流程包括以下八个步骤。

（一）收集信息

无论使用什么诊断设备，开始修理车辆之前，故障诊断的第一步是收集所能收集的所有信息。如果可能，询问车主故障具体发生情况及现象。必须收集的信息如下：

（1）车辆存在什么故障现象，故障发生的时间、路况和天气。

（2）症状和故障灯亮了多长时间。

（3）驾驶时故障灯是否闪烁。

（4）车辆同一故障有没有在其他地方修理过，维修过什么部位或更换过什么零部件。

（5）在正常维护保养期内，是否按照厂家规定进行维护保养（比如高压线和火花塞需要定期更换，否则可能导致失火故障）。

（二）看和听

一旦收集到足够信息，就可以通过彻底检查车辆，开始诊断步骤。即使认为与故障无关，也应先做基本检查。

检查冷却液液位是否合适，观察排气系统工况并检查是否存在泄漏，打开发动机罩查看真空和排放控制软管是否损伤、压扁、破碎、断开或丢失。

观察发动机和所有附件是否齐全并安装正确。启动发动机，观察怠速质量。看发动机工况，仔细听发动机有无失火或其他异常噪声。绕车身一周，听燃油泵噪声是否过大，或三元催化转换器有无松动或烧坏的"咔嗒"声。一般常规检查如图6-2所示。

（a）检查冷却液位

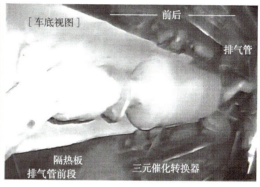
（b）检查三元催化转换器

（c）检查管路

图6-2　常规检查

（三）5分钟快速测试

如果车辆通过所有直观检查，没有必要去修理那些基本故障，就可以执行快速检查，判断主要电气元件和电路的完整性。所有传感器信号都是以ECU供给的电压为比较测量基础的，所以蓄电池工况和充电状态要第一步检测。蓄电池电压应不低于

11.5 V，启动电压不低于 9.5 V，否则应对蓄电池进行充电或更换。启动发动机，充电电压应为 13.8~14.7 V，否则说明充电系统存在故障，应先排除充电故障，最后进行接地检测。

（四）读取故障码

执行完基本检查而且排除明显的基本故障后，下一步就是进行解码器的连接，读取故障信息，查看数据参数。在阅读诊断信息的过程中，要关注上述第一步和第二步中发现的可能有关的任何异常项目。重点考虑解码器显示出的明显的传感器或电路故障的基本原因。需要注意的是，泄漏或弯曲的 MAP 传感器软管也会引起传感器信号异常故障，氧传感器故障可能是因为其他故障引起，维修时应特别注意。

（五）检查厂家维护更新信息

如果以上检查没有解决问题，应暂停故障诊断，寻找厂家技术服务公报。在车辆销售以后，有时需要从制造厂商处升级最新的 PCM 软件，能解决一些特定车型的故障问题。这种形式的故障通常很容易在新型车辆上出现。

（六）观察所有可用数据

针对故障码提示的特定系统、子系统或电路，可以开始检测相应的故障。首先查找车辆对应年款、厂家、车型的电路图或维修手册，知道测试什么颜色的导线或者特别元件的准确位置，以及测试部位及正常数据。然后将解码器转到数据流模式，运转发动机，检查与故障码有关的数据。不要确信传感器操作的一般正常范围，因为待维修的车辆可能完全不同，所有数据应比对维修手册，再通过这些数据分析故障。

（七）执行特定故障码诊断的规则

执行特定故障码诊断的规则如下：

（1）当指示一种以上故障码时，首先检查和修理传感器故障。

（2）使用制造厂家推荐的测试步骤进行诊断。

（3）检查从电路中断开的元件时，一般使用欧姆挡检查阻值范围。

（4）如果元件测试正常，但仍怀疑它存在损坏，应拆卸并仔细作直观检查。有些元件电气检测正常，但可能仍然无法使用（如点火线圈绝缘损坏，导致漏电）。

（八）检验修理好的车辆

检验修理好的汽车是非常重要的一步。汽车修好后，清除原来的故障代码，正确路试该汽车，完成一到两个完整的驾驶循环，确定故障或故障码不再出现后，汽车修理才算完成。

习题

（一）填空题

1. 故障诊断时，应先排除＿＿＿＿＿＿，再进行＿＿＿＿＿＿。

2. 对燃油系统检修前，应拆开蓄电池＿＿＿＿＿＿，以免损坏电控系统元件。

（二）判断题

1. 线束不应有油污、潮湿、松动，保持连接器清洁、连接可靠。　　　　　（　　）

2. 维修中，注意该车型线束连接器的锁扣型号，不可盲目用力硬拉。安装时要插接到位，锁扣锁住。　　　　　　　　　　　　　　　　　　　　　　（　　）

3. 发动机熄火后，燃油供给系统残余压力仍较高，对该系统进行拆检前，必须释放燃油系统的残余压力。　　　　　　　　　　　　　　　　　　　　　（　　）

（三）选择题

1. 必须使用（　　　），定期更换燃油滤清器。油箱不应缺油，防止油泵烧毁。

A. 无铅汽油　　　　　　　　　　B. 含铅汽油

C. 95#汽油　　　　　　　　　　D. 柴油

2. 电控发动机发生故障时的检测诊断，应按照（　　　）、先一般后专项、先易后难的规则进行处理。

A. 先电子后机械　　　　　　　　B. 先内后外

C. 先机械后电子　　　　　　　　D. 先生后熟

（四）简答题

1. 简述电控发动机故障诊断排除的基本原则。

2. 简述电控发动机故障的主要原因。

项目二　发动机不能启动故障诊断

【项目目标】

知识目标：

1. 掌握发动机正常启动的三要素

2. 掌握电控发动机不能启动的故障现象、分析故障原因

技能目标：

1. 能进行各相关系统的电阻与工作电压的检测

2. 能进行各相关系统性能的检测

素质目标：

1. 在操作过程中树立安全意识

2. 通过制定检测与维修流程，具备分析问题、解决问题的能力

3. 能在工作结束后按照 7S 管理规定整理、恢复作业场地，养成良好的工作习惯

4. 通过宣传先进典型、劳动模范和技能竞赛获奖选手在各自岗位上拼搏奋斗的故事，大力弘扬劳模精神、工匠精神，激励广大青年走技能成才、技能报国之路

【任务描述】

一辆大众速腾轿车的发动机有着火征兆，但不能启动。请根据该故障现象分析故障原因，制定故障检修方案流程，完成发动机不能启动故障诊断与排除。

【获取信息】

一、发动机正常启动的三要素

发动机正常启动的三要素：①强且正时的高压火花；②合适的空燃比；③足够的气缸压力（当然排气要畅通）。三者缺一不可。首先要判断故障出在这三个方面的哪一方面，一般从点火系统入手，先看高压火，再看是否有油进缸。当然，可先看有无喷油信号（可用发光二极管灯等方法检查），油泵能否建立一定油压（可倾听油泵运转声音，采用脉动衰减器螺钉张力法、拆下回油管查看、油压表测量等方法检查）。当怀疑无油供给时，可在进气口喷化油器清洗剂，然后看能否启动，若能启动，则判断为燃油供给系统的故障。有火有油后检查点火正时，火花强不强，这是进一步检查点火系统。最后拆检火花塞有无淹死，通过观察火花塞状态来进一步判断空燃比是否明显地过小或过大。若火花塞没有溺死现象，在进气口喷化油器清洗剂也不能启动，高压火花强且正时，就用前述方法检查排气管有无堵塞，最后测量气缸压力。若启动时有启动征兆但不能启动，伴随有排气突突声、车身抖动、冒黑烟或回火放炮等现象，则应立即检查点火正时，接着检查混合气是否过浓或过稀，再查排气堵塞、气缸压力等。可总结为：

> 排气突突车抖动，屡次着车车难着。
>
> 先查点火不正时，再查空燃混合比。
>
> 回火放炮点火错，排气不畅缸压低。

二、故障现象和原因

（一）故障现象

（1）发动机有着火征兆，但不能启动。

（2）启动发动机时，发动机无着火征兆。

（二）故障原因

（1）燃油箱油量不足。

（2）管路、滤网或燃油滤清器堵塞、渗漏等。

（3）电动燃油泵或油泵继电器故障。

（4）燃油压力调节器故障。

（5）喷油器故障。

（6）空气流量计或进气压力传感器故障。

（7）冷却液温度传感器故障。

（8）节气门、节气门位置传感器故障。

（9）发动机转速、凸轮轴位置传感器故障。

（10）怠速控制装置故障。

（11）电控单元故障。

（12）点火系统故障。

（13）启动系统故障。

（14）其他机械故障。

三、故障诊断流程

电控燃油喷射发动机不能启动的诊断程序如图6-3所示。

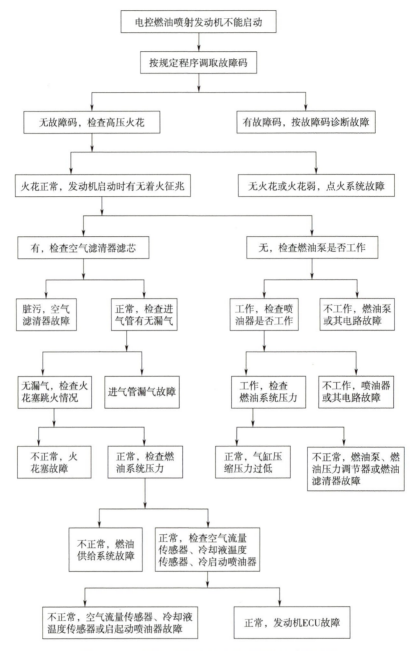

图 6-3　电控燃油喷射发动机不能启动的诊断程序

四、故障排除

(一) 冷却液温度传感器故障

　　若冷却液温度传感器提供给 ECU 的信号失准，则会造成发动机冷车或热车不能启动。检查冷却液温度传感器本身或线路是否有故障。以 AJR 发动机为例，电路如

图 6-4 所示。

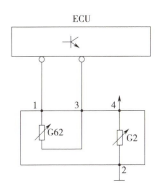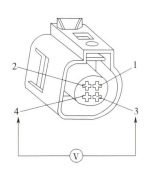

1—接水温表；2—搭铁；3—搭铁；4—电源线

图 6-4 冷却液温度传感器电路

（1）使用诊断仪 VAG1551/2 读取冷却液温度，发动机热机时应为 80～105 ℃；冷态时应为环境温度。

（2）测量端子 3 与端子 1 之间的阻值，应随温度的升高而降低。

（3）如数据显示-46 ℃，表明传感器电源线断路或短路，应进行排除；如数据显示 141 ℃，表明传感器搭铁线短路，应进行排除。

（二）发动机曲轴/凸轮轴位置传感器故障

若电控单元检测不到曲轴/凸轮轴位置传感器提供的信号，将无法控制发动机的喷油正时和点火正时，所以发动机不能启动。

（三）怠速控制阀故障

怠速控制阀能自动将发动机的怠速转速保持在设定的最佳值。当怠速控制阀出现故障时，会使发动机混合气浓度异常，造成发动机不能启动或启动困难。

（1）拔下怠速控制阀线束插头，启动发动机后再插上，观察发动机转速有无变化。若转速有变化，说明怠速控制阀工作正常；若转速无变化，说明怠速控制阀不工作。

（2）检查线束插头是否有脉冲电压信号。若无信号，则应检查线路；若有信号，控制阀损坏。

（四）空气流量计或进气压力传感器故障

空气流量计或进气压力传感器将信号输送给 ECU，ECU 根据此信号控制燃油喷射和点火。当空气流量计或进气压力传感器出现故障导致信号中断时，ECU 使发动机进入应急状态，造成发动机不能启动或启动困难。

（五）燃油泵及油泵继电器故障

接通点火开关时，燃油泵继电器触点闭合，使燃油泵工作。若此继电器短路、断路或连接线路发生故障，发动机电控单元就停止点火线圈、喷油器和燃油泵的工作，发动机不能启动。

（六）点火系统与启动系统故障

点火系统故障可能会使发动机点火能量低或点火正时不准，导致发动机不能启动。点火系统常见的故障有火花塞损坏、点火线圈损坏、分电器损坏及连接导线损坏等。

启动系统故障可能表现为启动继电器、启动开关、线路及启动机本身等故障，进而导致发动机不能工作或启动无力等。

（七）燃油供给系统故障

（1）检查油箱中油量是否充足；检查供油管路、燃油滤清器是否有堵塞或渗漏等现象。

（2）检查电动燃油泵是否工作；检查泵油压力是否正常。

（3）检查燃油压力调节器是否工作正常。

（4）检查喷油器是否工作及工作是否正常。

（八）发动机电控单元故障

（1）电控单元自身或线路出现故障后，将不能有效接收信号和输出执行信号。

（2）检查钥匙是否为非法钥匙；检查通信线路、电控单元编码、防盗系统等是否正常。另外，更换电控单元后，若没有和电子防盗系统进行匹配，也会引起发动机电控单元锁死，此时发动机只能短暂启动，随后立即停止转动。

（九）空气供给系统故障

（1）检查空气滤清器是否堵塞。若有堵塞现象，进气量减小，混合气过浓，使发动机不能启动。

（2）检查进气管路是否漏气。若有漏气，则这些空气将不经空气流量计检测直接进入气缸，使气缸的混合气过稀，发动机不能启动。

（3）检查节气门运动是否灵活。若有卡滞，将使气缸内的混合气浓度异常，发动机不能启动。

习题

（一）填空题

1. 若冷却液温度传感器提供给_____的信号失准，则会造成发动机冷车或热车不能启动。

2. 若电控单元检测不到_____提供的信号，将无法控制发动机的喷油正时和点火正时，所以发动机不能启动。

3. _____能自动将发动机的怠速转速保持在设定的最佳值。

4. 当_____出现故障时，会使发动机混合气浓度异常，造成发动机不能启动或启动困难。

（二）判断题

1. 空气流量计或进气压力传感器将信号输送给 ECU，ECU 根据此信号控制燃油喷射和点火。　　　　　　　　　　　　　　　　　　　　　　　（　　）

2. 点火系统故障可能会使发动机点火能量低或点火正时不准，导致发动机不能启动。　　　　　　　　　　　　　　　　　　　　　　　　　　　（　　）

3. 电控单元自身或线路出现故障后，也能有效接收信号和输出执行信号。（　　）

4. 检查空气滤清器是否堵塞，若有堵塞现象，进气量减小，混合气过稀，使发动机不能启动。　　　　　　　　　　　　　　　　　　　　　　　（　　）

（三）选择题

1. 发动机正常启动的三要素不包括（　　　）。

A. 强且正时的高压火花　　　　　B. 合适的空燃比

C. 足够的气缸压力　　　　　　　D. 合适的温度

2. 发动机不能启动的原因不包括（　　　）。

A. 喷油器故障　　　　　　　　　B. 点火系统故障

C. 空调故障　　　　　　　　　　D. 启动系统故障

（四）简答题

1. 简述发动机正常启动的三要素。

2. 简述发动机不能启动的原因。

项目三　发动机启动困难故障诊断

 【项目目标】

知识目标：

1. 掌握电控发动机启动困难的故障现象、分析故障原因

2. 掌握电控发动机启动困难故障的诊断流程

技能目标：

1. 能进行各相关系统的电阻与工作电压的检测

2. 能进行各相关系统性能的检测

素质目标：

1. 在操作过程中树立安全意识

2. 通过制定检测与维修流程，具备分析问题、解决问题的能力

3. 能在工作结束后按照 7S 管理规定整理、恢复作业场地，养成良好的工作习惯

4. 通过宣传先进典型、劳动模范和技能竞赛获奖选手在各自岗位上拼搏奋斗的故事，大力弘扬劳模精神、工匠精神，激励广大青年走技能成才、技能报国之路

【获取信息】

一、故障现象和原因

（一）故障现象

（1）冷车启动困难，是指启动机能带动发动机转动，但启动困难，甚至不能启动。

（2）热车启动困难，是指冷车启动正常，而热车时启动困难，甚至不能启动。

（二）故障原因

（1）燃油箱油量不足。

（2）管路、滤网或燃油滤清器堵塞、渗漏等。

（3）电动燃油泵或油泵继电器故障。

（4）燃油压力调节器故障。

（5）喷油器故障。

（6）空气流量计或进气压力传感器故障。

（7）冷却液温度传感器故障。

汽车发动机
电控技术

132

（8）节气门、节气门位置传感器故障。

（9）发动机转速、凸轮轴位置传感器故障。

（10）怠速控制装置故障。

（11）电控单元故障。

（12）点火系统故障。

（13）启动系统故障。

（14）其他机械故障。

二、故障诊断流程

对于电控发动机不易启动，如果只出现冷车不易启动，应该先查启动时混合气是否过稀；如果只出现热车启动困难，应该先查启动时混合气是否过浓。

（1）用汽车解码器读取故障码，按故障码显示查找相应故障原因。

（2）检查空气滤清器有无堵塞。拆下空气滤清器，发动机能够正常启动，说明空气滤清器堵塞，应更换空气滤清器。

（3）检查防盗指示灯是否闪亮。如亮，检查防盗系统。

（4）检查怠速控制装置。如果节气门在 1/4 开度（切记不可将加速踏板踩到底，因为此时发动机处于清除溢流状态而断油）时发动机能正常启动，而节气门全关时不易启动，应检查怠速控制装置是否工作正常。

（5）用真空表检查怠速时进气管的真空度。怠速时若进气管的真空度小于 66.7 kPa，说明进气系统有空气泄漏，应检查进气管各个管接头、连接处、真空管是否连接牢靠，活性炭罐电磁阀、EGR 阀是否泄漏或损坏等。

（6）检查燃油压力。连接燃油压力表，启动发动机燃油压力不得低于 250 kPa，如不正常，则应检查燃油供给系统。

（7）检查冷却液温度传感器和空气流量计。利用解码器读取发动机冷却液温度及空气流量计数据流，如不符合规定，则应检查冷却液温度传感器及空气流量传感器或其与 ECU 的连接电路。

（8）拆检喷油器，检查喷油器是否脏堵。如有，则应清洗或更换。

（9）检查启动开关至 ECU 的启动信号传送是否正常。如不正常，应检查线路连接情况。

（10）检查气缸压力。用气缸压力表检测各气缸压力，如压力过小（低于 0.8 MPa），则应拆检发动机。

（11）检查发动机 ECU。如以上检查均正常，可换一个新的 ECU 试试，如正常，则说明发动机 ECU 损坏。

（12）清除故障代码。

发动机启动困难故障诊断流程如图 6-5 所示。

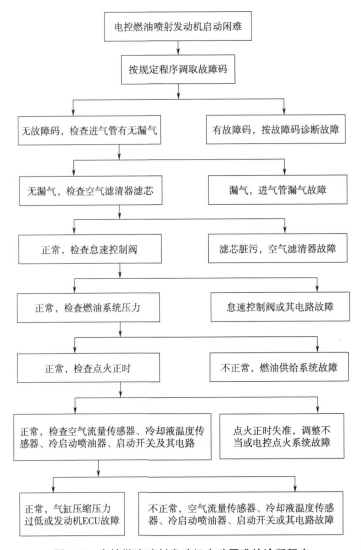

图 6-5　电控燃油喷射发动机启动困难的诊断程序

三、故障排除

（1）检查冷却液温度传感器。

（2）检查发动机曲轴/凸轮轴位置传感器。

（3）检查急速控制阀。

（4）检查空气流量计或进气压力传感器。

（5）检查点火系统。

（6）检查空气供给系统。

（7）检查节气门体、怠速控制装置。

（8）检查燃油系统压力。

（9）检查压力调节器。

（10）检查电控单元。

习题

（一）填空题

1. 对于电控发动机不易启动，如果只出现冷车不易启动，应该先查启动时_____。

2. 如果只出现热车启动困难，应该先查_____。

3. 用真空表检查怠速时进气管的真空度。怠速时若进气管的真空度小于66.7 kPa，说明进气系统有_____，应检查进气管各个管接头、连接处、真空管是否连接牢靠，_____、_____是否泄漏或损坏等。

（二）判断题

1. 检查空气滤清器有无堵塞。拆下空气滤清器，发动机能够正常启动，说明空气滤清器堵塞，应更换空气滤清器。　　　　　　　　　　　　　　　　（　　）

2. 拆检喷油器，检查喷油器是否脏堵。如有，则应清洗或更换。　　　（　　）

3. 检查气缸压力。用气缸压力表检测各气缸压力，如压力过小（低于2 MPa）则应拆检发动机。　　　　　　　　　　　　　　　　　　　　　　　（　　）

4. 检查冷却液温度传感器和空气流量计。利用解码器读取发动机冷却液温度及空气流量计数据流，如不符合规定，则应检查冷却液温度传感器及空气流量传感器或其与ECU的连接电路。　　　　　　　　　　　　　　　　　　　　　（　　）

（三）简答题

1. 发动机启动困难现象有哪些？

2. 简述发动机启动困难故障诊断流程。

项目四　发动机运转不良故障诊断

【项目目标】

知识目标：

1. 掌握电控发动机运转不良的故障现象、分析故障原因

2. 掌握电控发动机运转不良故障的诊断流程

技能目标：

1. 能进行各相关系统的电阻与工作电压的检测

2. 能进行各相关系统性能的检测

素质目标：

1. 在操作过程中树立安全意识

2. 通过制定检测与维修流程，具备分析问题、解决问题的能力

3. 能在工作结束后按照 7S 管理规定整理、恢复作业场地，养成良好的工作习惯

4. 通过宣传先进典型、劳动模范和技能竞赛获奖选手在各自岗位上拼搏奋斗的故事，大力弘扬劳模精神、工匠精神，激励广大青年走技能成才、技能报国之路

【获取信息】

一、故障现象和原因

（一）故障现象

（1）怠速不稳易熄火，指发动机能正常启动，但怠速不稳定、发抖甚至熄火。

（2）怠速过高，指发动机启动后，正常怠速稳定，转速过高。

（二）故障原因

（1）进气系统漏气，导致混合气过稀。

（2）燃油蒸发回收或废气再循环系统工作不正常，在怠速或加速时开度过大导致混合气过稀。

（3）燃油滤清器堵塞、燃油压力调节器损坏、油泵泵油不足导致燃油压力过低。

（4）喷油器工作不良。喷油器堵塞使喷油量过少，造成混合气过稀。

（5）空气滤清器堵塞导致进气不足。

（6）怠速调整不当或怠速调节装置工作不良。

（7）火花塞间隙不正确、积炭、漏电导致点火不良，使发动机故障不稳定。

（8）曲轴位置传感器、霍尔传感器故障或其线路损坏导致点火正时失准。

（9）空气流量计或进气压力传感器工作不良，导致混合气比例失调。

（10）个别气缸缺缸或工作不良。

（11）各气缸压力不均或过低，使发动机部分气缸不工作或运转不稳定。

（12）液温传感器或其线路故障造成信号失准，导致混合气过稀或过浓。

（13）电控发动机 ECU 故障。

二、故障诊断流程

（1）检查各连接管路及线束插头有无松脱。如有，则应连接牢靠。

（2）用真空表检查进气系统有无漏气。如有漏气，应排除。

（3）检查燃油蒸发回收系统或废气再循环系统是否漏气。如有，则应检查活性炭罐电磁阀是否卡滞，废气调整阀、三通阀是否正常等。

（4）利用汽车解码器读取故障码，根据解码器显示内容进行诊断。

（5）怠速时，逐个切断各缸喷油器，检查发动机转速的下降值是否相等。如果某个缸在断油时发动机转速基本不变，说明该缸工作不良或不工作，应检查该缸火花塞或喷油器是否有故障、喷油器或点火控制电路是否正常、该缸压力是否过低。

（6）检查怠速阀工作是否正常。拔下怠速阀接线插头，如果发动机转速无变化，说明怠速阀或控制电路有故障，应检修电路，清洗或更换怠速控制阀。

（7）利用解码器数据流功能读取电控发动机点火提前角，怠速时一般为 $10°$ 左右，随发动机转速升高应逐渐增大。如不正确，应检查曲轴位置传感器、霍尔传感器信号及连接情况。

（8）利用数据流读取冷却液液温信号。如不正常，检修冷却液温度传感器电路或更换冷却液温度传感器。

（9）用听诊器听各喷油器在怠速时的工作声音。如果各缸喷油器工作声音有差异，说明各缸喷油量不相等，应清洗或更换喷油器。

（10）检查各缸高压火花。如某缸火花弱或无火，应检查点火线圈、高压线、点火控制线等。

（11）检查火花塞，检查电极是否烧蚀或积炭，火花塞间隙是否正常。

（12）检查燃油压力。怠速时燃油压力应为 250 kPa 左右，如油压过低或过高，应检查燃油供给系统。

（13）检查空气流量传感器或进气压力传感器工作情况。如不正常，检修或更换空气流量传感器或进气压力传感器。

（14）检查气缸压力。用气缸压力表检测气缸压力，如果压力过低或各缸压力差过大，应拆检发动机。

（15）检查ECU。如上述检查均正常，则说明发动机ECU故障，应更换新的发动机ECU。

（16）故障排除后，清除故障代码。

电控燃油喷射发动机怠速不稳易熄火的故障诊断流程如图6-6所示。

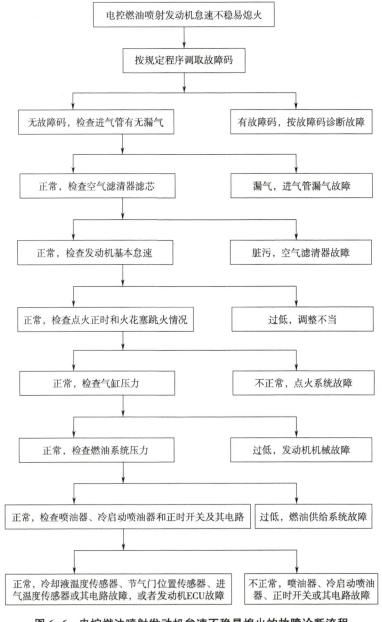

图6-6　电控燃油喷射发动机怠速不稳易熄火的故障诊断流程

电控燃油喷射发动机怠速过高的故障诊断流程如图6-7所示。

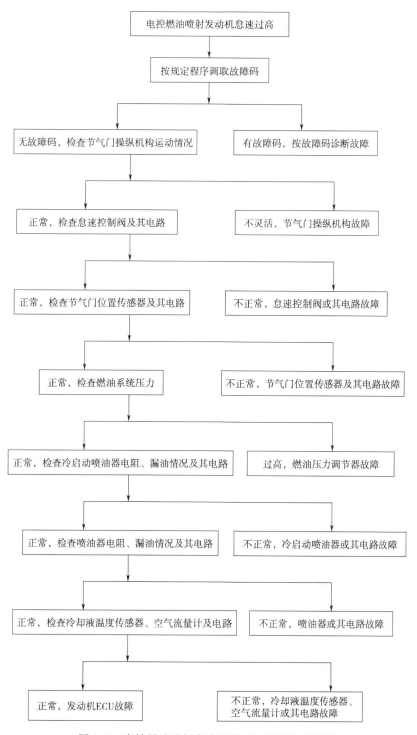

图 6-7　电控燃油喷射发动机怠速过高的诊断流程

三、故障排除

(1) 检查节气门位置传感器。

(2) 检查空气流量计或进气压力传感器。

(3) 检查怠速控制阀。

(4) 检查点火正时。

(5) 检查空调、动力转向器压力开关。

(6) 检查燃油系统压力。

(7) 检查喷油器。

(8) 检查电控单元。

习题

(一) 填空题

1. 怠速不稳易熄火，指发动机能正常启动，但_____、_____，甚至_____。

2. 发动机运转不良可能是由于进气系统漏气，导致_____。

3. 喷油器堵塞使喷油量_____，造成混合气_____。

4. 液温传感器或其线路故障造成_____，导致混合气过稀或过浓。

(二) 判断题

1. 火花塞间隙不正确、积炭、漏电导致点火不良，使发动机故障不稳定。（　　）

2. 曲轴位置传感器、霍尔传感器故障或其线路损坏导致点火正时失准。（　　）

3. 故障诊断流程的第一步是利用汽车解码器读取故障码。（　　）

4. 怠速时燃油压力应为 400 kPa 左右，如油压过低或过高，应检查燃油供给系统。

（　　）

(三) 简答题

发动机运转不良现象有哪些?

参考文献

［1］仇雅莉.汽车发动机构造与维修［M］.2版.北京：人民邮电出版社，2014.

［2］杨智勇，程晓鹰.图解汽车发动机维修［M］.北京：化学工业出版社，2016.

［3］高丽洁，李新.汽车电气系统构造与维修［M］.北京：北京邮电大学出版社，
2013.

［4］曾鑫.汽车电气设备检修［M］.武汉：华中科技大学出版社，2011.

［5］车立新.电控发动机检测与维修［M］.北京：机械工业出版社，2012.

［6］史虎振.汽车电控发动机原理与检修［M］.北京：机械工业出版社，2018.

汽车发动机电控技术

学生工作手册

专业：＿＿＿＿＿＿＿＿＿＿＿＿

班级：＿＿＿＿＿＿＿＿＿＿＿＿

姓名：＿＿＿＿＿＿＿＿＿＿＿＿

目　录

1-1 使用示波器测量交流电

指导教师：   参考学时：

实训目标：

1. 使学生能使用示波器测量交流电压。

2. 能依据维修手册，正确使用。

一、接受工作任务   成绩：

企业工作任务：

一辆 2018 款大众速腾轿车出现故障，作为一名维修工，在维修前该选择哪些检测仪器？如何使用这些仪器？

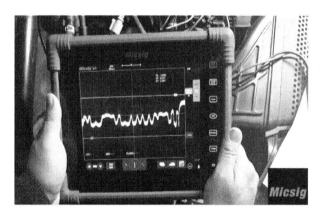

示波器

二、信息收集   成绩：

（一）示波器的基础特征

1. 示波器相对时间显示电压。

2. 示波器的显示读数总是从左到右的。

3. 信号的电压–时间曲线被称为波形/轨迹（trace）。

4. 在这个例子中，波形是蓝色的，并起始于 A 点。

5. 这类型信号我们称为正弦波。这是一种无限延伸的信号，测试中会遇到的。

6. 大多数示波器允许调整显示屏的垂直刻度和水平刻度。

7. 垂直刻度称为电压量程（至少在这个例子中）。

8. 水平刻度称为时基（timebase），以时间单位测量。在这个例子中，水平刻度为千分之一秒。

汽车示波器又分为模拟汽车示波器和虚拟（PC）汽车示波器。由于科技的发展及用户对携带便利的偏好，PC 汽车示波器越来越受到青睐。

(二) 汽车示波器参数

1. Pico4223 Kit：2 通道，12 位分辨率（可调 16 位），80 Ms/s 实时采样率，32 M 存储容量，±100 V 输入量程。

2. Pico4423 Kit：4 通道，12 位分辨率（可调 16 位），80 Ms/s 实时采样率，32 M 存储容量，±100 V 输入量程。

三、制订计划　　　　　　　　成绩：

1. 根据汽车故障检查规范及要求，制订示波器认知实训计划。

作业流程		
序号	作业项目	操作要点
1	接线	将交流电源的线端插入插座
2	开机	先打开交流电源
3	测量	用示波器测量交流电压
4	结果处理	计算出电压峰值、有效值、平均值、频率
5	误差分析	分析示波器的误差和测量过程中可能出现的误差
6	得出结论	得出数值
7	实验应用	研究和测试音频信号、射频信号、数字信号等
8	总结	
计划审核	审核意见： 　　　　　　　　　　　　　　　　　　　　签字： 　　　　　　　　　　　　　　　　　年　　月　　日	

2. 请根据维修作业计划，完成小组成员任务分工。

操作人		记录员	
监护人		展示员	
作业注意事项			

(1) 严格按照标准完成维修作业前准备工作，注意安全防护及示波器整洁维护。

(2) 故障诊断排查坚持"安全第一"原则，严禁私自拉接线束、短路连接等违规操作。

(3) 严格按照实训步骤进行实训任务，严禁使用尖锐工具暴力拆卸接插件、针脚等。

(4) 爱护诊断、测量工具及设备，轻拿轻放，严禁磕碰及违规使用。

检测设备、工具、材料			
序号	名称	数量	清点
1	实训用车速腾轿车	1辆	□ 已清点
2	世达工具箱	1箱	□ 已清点
3	防护用具	1套	□ 已清点
4	白手套	2双	□ 已清点
5	举升机	1个	□ 已清点
6	示波器、故障诊断仪	1个	□ 已清点
7	隔离柱	4个	□ 已清点
8	警戒线	1卷	□ 已清点
9	警示标识牌	1套	□ 已清点

四、计划实施　　　　　　　　成绩：

1. 请进行维修作业前检查及车辆防护，并记录信息。

（1）维修作业前现场环境检查。

环境检查

作业内容：检查车辆稳定状态，设立隔离柱，布置警戒线，张贴警示牌。

作业结果：_____。

（2）维修作业前防护用具检查。

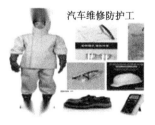

防护用具检查

作业内容：绝缘手套、绝缘鞋、护目镜、安全帽外观及性能检查。

作业结果：_____。

（3）维修作业前仪表工具检查。

仪表工具检查

作业内容：数字万用表、工具箱、工装外观及性能检查。

作业结果：_____。

（4）维修作业前实施车辆防护。

车辆防护

作业内容：铺设翼子板防护垫、汽车维修三件套、脚垫。

作业结果：_____。

2. 接线。将交流电源的线端插入插座，插头插入插头座；用电线连接交流电源和示波器，连接时注意相位和极性；用万用表检测示波器的输入端和交流电源的输出端的电压波形是否一致。

3. 开机。先打开交流电源，再打开示波器电源开关，调整示波器的控制旋钮，使垂直放大器放大系数为1 V；水平放大器的放大系数为0.1 ms/div；调整扫描时间基准电压，使获得的波形图像清晰可见。

4. 测量。用示波器测量交流电压，并记录测量数据，通过示波器获得标准电压值并与实测电压值进行对比，根据误差的大小对实验数据进行分析。

5. 实验结果处理。根据实验测得的电压曲线，可以计算出电压峰值、有效值、平均值、频率等参数。其中，电压峰值指交流电压波形中最大的正半周电压幅值，也是最大峰值电压，用 Vm 表示；有效值指一段时间内交流电压的平均值，用 Veff 表示；平均值指一段时间内交流电压的平均值，用 Vave 表示；频率指电压波形中周期重复的次数，用 f 表示。

6. 误差分析。在实验中，误差来源主要包括示波器的误差和测量过程中可能出现的误差。示波器的误差是指示波器本身的测量误差和放大系数的稳定性误差，可以通过事先校准调整，尽量减小误差。测量过程中可能出现的误差包括连接线路和电源电压的测量误差等，也需要在实验过程中进行注意和排除。

7. 实验结论。本次实验通过使用示波器测量交流电压，获得了交流电压波形图像，并计算出了电压峰值、有效值、平均值、频率等参数，加深了对交流电压特性的理解和示波器的使用方法。在实验中要注意连接的极性和相位，控制示波器的放大系数和扫描时间基准电压，避免测量误差的影响，提高实验数据的准确性。

8. 实验应用。示波器是一种广泛应用的电子测量仪器，常用于研究和测试各种信号和波形的特性，例如音频信号、射频信号、数字信号等。在各种电子、通信、计算机领域，示波器都是不可缺少的工具之一，用于测试和分析桌面、车间和研究室中的电子电路和设备。

五、质量检查　　　　　　　　　成绩：

请实训指导教师检查本组作业结果，并针对实训过程中出现的问题提出改进措施及建议。

序号	评价标准	评价结果
1	检修前场地及设备准备的完善性	
2	正确采集故障现象及进行故障分析	
3	系统故障排查步骤的完整性	
4	维修完毕，故障消除，车辆可正常行驶	
5	维修完毕，恢复场地	
综合评价	☆ ☆ ☆ ☆ ☆	
综合评语		

六、评价反馈　　　　　　　　　成绩：

请根据自己在实训中的实际表现进行自我反思和自我评价。

自我反思：_____

_____

_____。

自我评价：_____

_____

_____。

使用示波器测量交流电

实训日期：

姓名：		班级：		学号：		教师签名：
自评：□ 熟练　□ 不熟练		互评：□ 熟练　□ 不熟练		师评：□ 合格　□ 不合格		
日期：		日期：		日期：		

<table>
<tr><td colspan="9" align="center">使用示波器测量交流电【评分细则】</td></tr>
<tr><td>序号</td><td>评分项</td><td>得分条件</td><td>分值</td><td>评分要求</td><td>自评</td><td>互评</td><td>师评</td></tr>
<tr>
<td>1</td>
<td>接受工作任务</td>
<td>□ 明确工作任务，理解任务在企业工作中的重要程度</td>
<td>5</td>
<td>未完成扣3分，扣分不得超过5分</td>
<td>□ 熟练
□ 不熟练</td>
<td>□ 熟练
□ 不熟练</td>
<td>□ 合格
□ 不合格</td>
</tr>
<tr>
<td>2</td>
<td>信息收集</td>
<td>□ 1. 掌握示波器结构部件及其连接关系
□ 2. 掌握示波器部件装配位置
□ 3. 掌握示波器功能及功能模式
□ 4. 掌握示波器布置形式</td>
<td>20</td>
<td>未完成1项扣5分，扣分不得超过20分</td>
<td>□ 熟练
□ 不熟练</td>
<td>□ 熟练
□ 不熟练</td>
<td>□ 合格
□ 不合格</td>
</tr>
<tr>
<td>3</td>
<td>制订计划</td>
<td>□ 1. 按照示波器外观检查流程，制订合适的行动计划
□ 2. 能协同小组人员安排任务分工
□ 3. 能在实施前准备好所需要的工具器材</td>
<td>15</td>
<td>未完成1项扣5分，扣分不得超过15分</td>
<td>□ 熟练
□ 不熟练</td>
<td>□ 熟练
□ 不熟练</td>
<td>□ 合格
□ 不合格</td>
</tr>
<tr>
<td>4</td>
<td>计划实施</td>
<td>□ 1. 规范进行场地布置及工具检查
□ 2. 识别示波器结构部件
□ 3. 目测检查示波器外观状态
□ 4. 找出示波器位置
□ 5. 测量示波器电压、电阻是否符合标准</td>
<td>40</td>
<td>未完成1项扣5分，扣分不得超过40分</td>
<td>□ 熟练
□ 不熟练</td>
<td>□ 熟练
□ 不熟练</td>
<td>□ 合格
□ 不合格</td>
</tr>
<tr>
<td>5</td>
<td>质量检查</td>
<td>□ 学生任务完成，操作过程规范标准</td>
<td>10</td>
<td>未完成扣5分，扣分不得超过10分</td>
<td>□ 熟练
□ 不熟练</td>
<td>□ 熟练
□ 不熟练</td>
<td>□ 合格
□ 不合格</td>
</tr>
<tr>
<td>6</td>
<td>评价反馈</td>
<td>□ 1. 学生能对自身表现情况进行客观评价
□ 2. 学生在任务实施过程中发现自身问题</td>
<td>10</td>
<td>未完成1项扣5分，扣分不得超过10分</td>
<td>□ 熟练
□ 不熟练</td>
<td>□ 熟练
□ 不熟练</td>
<td>□ 合格
□ 不合格</td>
</tr>
<tr><td colspan="9" align="center">总　分：</td></tr>
</table>

2-1 空气流量计的检测与维修

指导教师：   参考学时：

实训目标：

1. 能进行空气流量计的检测。
2. 能进行空气流量计的维修。

一、接受工作任务   成绩：

企业工作任务：

一辆大众速腾轿车发动机怠速不稳，行驶无力并冒黑烟。做一次基本设定，故障排除，但几天后又出现反复。

二、信息收集   成绩：

（一）空气流量计可能导致的故障现象

1. 发动机怠速不稳。
2. 行驶无力并冒黑烟。
3. 加速性能下降，油耗量升高。
4. 急加速回火。
5. 有时出现窜动的现象。
6. 有时换挡熄火。

（二）故障诊断分析

电控发动机出现混合气过浓、过稀造成的故障现象，应对空气流量计进行检查，检查方法如下：

1. 用故障诊断仪读取故障码，有故障码按故障码做相应处理。
2. 用故障诊断仪读取空气流量数据，根据数据分析空气流量计是否正常。
3. 无故障诊断仪的情况下只能做对比试验，就是换用一个正常的空气流量计试验，如故障消除，则是空气流量计故障。

（三）空气流量计的检测方法

在发动机运转的状况下拔下空气流量计的插头，观察发动机的变化情况，将会出现以下三种情况：

1. 故障消除。说明此空气流量计信号有偏差，并没有损坏，电控单元一直按有偏差的错误信号进行控制喷油。由于混合比失调，发动机燃烧不正常，将会出现发动机转速不稳或动力不良现象。当拔下空气流量计插头时，电控单元检测不到进气信号，便会立即进入失效保护功能，以节气门位置传感器信号替代空气流量计信号，使发动机继续以替代值进行工作。拔下空气流量计插头，故障消失，正说明了拔插头前信号不正确，拔插头后信号正确，故障消除。

2. 故障依旧。说明此空气流量计早已损坏或线路不良，造成电控单元根本没收到信号或收到的是超信号，电控单元确认空气流量计信号不良，进入失效保护功能，同时将故障码存入存储器，故障指示灯闪烁（仅指装有指示灯的发动机）。此时拔下空气流量计插头与不拔插头结果是一样的，故障现象不会发生变化。

3. 故障现象稍有变化。说明此空气流量计是好的。拔下空气流量计插头前，电控单元根据空气流量计信号进行控制，喷油量准确，发动机各工况均工作良好；当拔下空气流量计插头时，电控单元根据节气门位置传感器信号进行控制，喷油量有差异（可从数据流中读出微小的变化值），发动机工况相对稍差。

三、制订计划　　　　　　　　成绩：

1. 根据空气流量计检查规范及要求，制订电动汽车动力系统认知实训计划。

作业流程		
序号	作业项目	操作要点
1	维修作业前检查及车辆防护	作业前准备及车辆防护
2	检查蓄电池电压	注意正负极
3	读取故障码	注意挡位及连接
4	空气供给系统部件外观检查	拔插保险继电器等要断电
5	空气供给系统部件连接检查	检查搭铁时需断电
6	故障验证	试车验证
计划审核	审核意见： 签字： 　年　月　日	

2. 请根据维修作业计划，完成小组成员任务分工。

操作人		记录员	
监护人		展示员	
作业注意事项			
（1）严格按照标准完成维修作业前准备工作，注意安全防护及车辆整洁维护。			
（2）故障诊断排查坚持"安全第一"原则，严禁私自拉接线束、短路连接等违规操作。			
（3）严格按照实训步骤进行实训任务，严禁使用尖锐工具暴力拆卸接插件、针脚等。			
（4）爱护诊断、测量工具及设备，轻拿轻放，严禁磕碰及违规使用。			

		检测设备、工具、材料		
序号	名称	数量	清点	
1	实训用车速腾轿车	1辆	□已清点	
2	世达工具箱	1箱	□已清点	
3	防护用具	1套	□已清点	
4	线手套	2双	□已清点	
5	数字万用表	1个	□已清点	
6	故障诊断仪	1个	□已清点	
7	隔离柱	4个	□已清点	
8	警戒线	1卷	□已清点	
9	警示标识牌	1套	□已清点	
10	翼子板防护垫	1套	□已清点	

四、计划实施　　　　　　　成绩：

1. 请进行维修作业前检查及车辆防护，并记录信息。

（1）维修作业前现场环境检查。

环境检查

作业内容：检查绝缘垫，设立隔离柱，布置警戒线，张贴警示牌。

作业结果：＿＿＿＿＿＿＿＿＿＿＿＿＿＿＿＿＿＿＿＿＿＿＿＿＿＿＿＿＿＿＿。

（2）维修作业前防护用具检查。

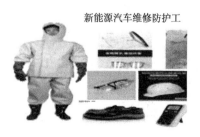

防护用具检查

作业内容：手套、绝缘鞋、护目镜、安全帽外观及性能检查。

作业结果：_____。

（3）维修作业前仪表工具检查。

仪表工具检查

作业内容：万用表、世达工具箱、故障诊断仪外观及性能检查。

作业结果：_____。

（4）维修作业前实施车辆防护。

车辆防护

作业内容：铺设翼子板防护垫、汽车维修三件套、脚垫。

作业结果：_____。

2. 检查蓄电池，并记录数据。

蓄电池检查

测量蓄电池电压：

蓄电池正极连接：□ 正常　□ 异常

蓄电池负极连接：□ 正常　□ 异常

作业结果：□ 无故障　经检查，蓄电池电压正常、正负极连接处良好。

　　　　　□ 有故障经检查，＿＿＿＿＿＿＿＿＿＿＿＿＿＿＿存在＿＿＿＿＿＿＿＿＿＿＿＿＿＿＿

　　　　　现象，需维修恢复。

3. 打开点火开关至"ON"位置，用万用表直流电压挡检测传感器的输出电压。

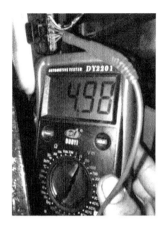

检测传感器输出电压

外观：□ 正常　□ 破损　□ 脏污

电压值是否为 5 V：□ 是　□ 否

作业结果：□ 无故障　经检查，传感器的电压正常，无故障现象。

　　　　　□ 有故障　经检查，传感器的电压为＿＿＿＿＿＿＿＿＿＿＿＿＿＿＿V，异常，

　　　　　需进一步检查恢复。

4. 用吹风机向传感器内吹空气，测量信号电压是否变化，并记录数据。

测量信号电压变化

外观：□ 正常　□ 破损　□ 脏污

信号电压是否发生变化：□ 是　□ 否

作业结果：□ 无故障　经检查，信号电压随吹入风量大小的变化而变化，无故障现象。

　　　　　□ 有故障　经检查，信号电压_____或_____

　　　　　现象，说明空气流量计有故障，需更换恢复。

5. 启动发动机，在插头的信号端测量不同工况下的动态信号电压。

测量动态信号电压

外观：□ 正常　□ 破损　□ 脏污

怠速工况下的标准电压：□ 正常　□ 异常

全负荷时的标准电压：□ 正常　□ 异常

作业结果：□ 无故障　经检查，信号端动态电压正常，无故障现象。

　　　　　□ 有故障　经检查，怠速时信号端动态电压为_____ V，

　　　　　满负荷时信号端动态电压为_____ V，需维修恢复。

6. 确定空气流量计的故障问题，并记录数据。

空气流量计检查

外观：□ 正常　　□ 退针　　□ 破损　　□ 脏污

零部件：□ 正常　　□ 异常

作业结果：□ 无故障　经检查，空气流量计工作正常，无脏污无故障现象。

　　　　　□ 有故障经检查，_____存在_____

　　　　　现象，需维修恢复。

7. 请启动车辆并完成相应车辆驾驶操作，以验证故障现象是否解除。

（1）记录启动车辆后的信息数据。

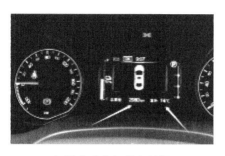

记录启动车辆信息数据

点火钥匙位置：□ Start　　□ On　　□ Acc　　□ Lock

启动指示灯：□ 熄灭　　□ 点亮　　续航里程：_____ km

挡位情况：□ R　　□ N　　□ D　　□ P　　动力电池电压值：_____ V

仪表显示：_____　　提示语：_____

故障灯：_____

故障现象：_____

（2）记录行驶模式下的仪表信息数据。

记录行驶模式下的仪表信息数据

挡位情况：□ R　　□ N　　□ D　　□ P

车辆能否正常启动：□ 能　　□ 不能

仪表显示：_____　　提示语：_____

故障灯：_____

故障现象：_____

（3）故障验证结论。

结论：_____

五、质量检查　　　　　　　　　成绩：

请实训指导教师检查本组作业结果，并针对实训过程中出现的问题提出改进措施及建议。

序号	评价标准	评价结果
1	检修前场地及设备准备的完善性	
2	正确采集故障现象及进行故障分析	
3	空气流量计故障排查步骤的完整性	
4	维修完毕，故障消除，车辆可正常行驶	
5	维修完毕，恢复场地	
综合评价	☆ ☆ ☆ ☆ ☆	
综合评语		

六、评价反馈　　　　　　　　　成绩：

请根据自己在实训中的实际表现进行自我反思和自我评价。

自我反思：_____

_____

_____。

自我评价：_____

_____

_____。

空气流量计的检测与维修

实训日期：

姓名：		班级：		学号：		教师签名：
自评：□ 熟练　□ 不熟练		互评：□ 熟练　□ 不熟练		师评：□ 合格　□ 不合格		
日期：		日期：		日期：		

空气流量计的检测与维修【评分细则】

序号	评分项	得分条件	分值	评分要求	自评	互评	师评
1	安全/7S/态度	□ 1. 能进行工位 7S 操作 □ 2. 能进行设备和工具安全检查 □ 3. 能进行车辆安全防护操作 □ 4. 能进行工具清洁、校准、存放操作 □ 5. 能进行"三不落地"操作	15	未完成 1 项扣 3 分，扣分不得超过 15 分	□ 熟练 □ 不熟练	□ 熟练 □ 不熟练	□ 合格 □ 不合格
2	专业技术能力	□ 1. 能正确确认故障现象 □ 2. 能规范拆卸空气流量计 □ 3. 测量空气流量计的供电电压 □ 4. 能正确检查输出信号电压 □ 5. 能正确线束的导通性 □ 6. 能确认线束之间是否短路 □ 7. 能规范调整空气流量计	50	未完成 1 项扣 6 分，扣分不得超过 50 分	□ 熟练 □ 不熟练	□ 熟练 □ 不熟练	□ 合格 □ 不合格
3	工具及设备使用能力	□ 1. 能正确使用故障诊断仪 □ 2. 能正确使用万用表 □ 3. 能正确使用拆卸工具	10	未完成 1 项扣 3 分，扣分不得超过 10 分	□ 熟练 □ 不熟练	□ 熟练 □ 不熟练	□ 合格 □ 不合格
4	资料、信息查询能力	□ 1. 能正确查询线束插接器端子含义 □ 2. 能正确使用维修手册查询资料 □ 3. 能正确记录查询资料章节及页码 □ 4. 能正确记录所需维修信息	10	未完成 1 项扣 3 分，扣分不得超过 10 分	□ 熟练 □ 不熟练	□ 熟练 □ 不熟练	□ 合格 □ 不合格
5	数据判断和分析能力	□ 1. 能判断空气流量计的供电电压是否正常 □ 2. 能判断空气流量计信号电压是否正常 □ 3. 能判断空气流量计搭铁是否正常 □ 4. 能判断空气流量计线束是否短路	10	未完成 1 项扣 3 分，扣分不得超过 10 分	□ 熟练 □ 不熟练	□ 熟练 □ 不熟练	□ 合格 □ 不合格
6	表单填写报告的撰写能力	□ 1. 字迹清晰 □ 2. 语句通顺 □ 3. 无错别字 □ 4. 无涂改 □ 5. 无抄袭	5	未完成 1 项扣 1 分，扣分不得超过 5 分	□ 熟练 □ 不熟练	□ 熟练 □ 不熟练	□ 合格 □ 不合格
总　分：							

2-2　节气门位置传感器的检测与维修

指导教师：　　　　　　　　　　　　参考学时：

实训目标：

1. 能进行节气门位置传感器的检测。
2. 能进行节气门位置传感器的维修。

一、接受工作任务　　　　　　　　成绩：

企业工作任务：

一辆大众速腾轿车发动机怠速不稳，行驶无力并冒黑烟。做一次基本设定，故障排除，但几天后又出现反复。

二、信息收集　　　　　　　　　　成绩：

（一）节气门位置传感器可能导致的故障现象

1. 发动机怠速不稳。
2. 行驶无力并冒黑烟。
3. 加速性能下降，油耗量升高。
4. 急加速回火。
5. 有时出现窜动的现象。
6. 有时换挡熄火。

（二）故障诊断分析

电控发动机出现混合气过浓、过稀造成的故障现象，应对节气门位置传感器进行检查，检查方法如下：

1. 用故障诊断仪读取故障码，有故障码按故障码处理。
2. 用故障诊断仪读取空气流量数据，根据数据分析节气门位置传感器是否正常。
3. 无故障诊断仪的情况下只能做对比试验，就是换用一个正常的节气门位置传感器试验，如故障消除，则是节气门位置传感器故障。

（三）节气门位置传感器的检测方法

在发动机运转的状况下拔下节气门位置传感器的插头，观察发动机的变化情况，将会出现以下三种情况：

1. 故障消除。说明此节气门位置传感器信号有偏差，并没有损坏，电控单元一直按有偏差的错误信号进行控制喷油。由于混合比失调，发动机燃烧不正常，将会出现发动机转速不稳或动力不良现象。当拔下节气门位置传感器插头时，电控单元检测不到进气信号，便会立即进入失效保护功能，以节气门位置传感器信号替代节气门位置传感器信号，使发动机继续以替代值进行工作。拔下节气门位置传感器插头，故障消失，正说明了拔插头前信号不正确，拔插头后信号正确，故障消除。

2. 故障依旧。说明此节气门位置传感器早已损坏或线路不良，造成电控单元根本没收到信号或收到的是超信号，电控单元确认节气门位置传感器信号不良，进入失效保护功能，同时将故障码存入存储器，故障指示灯闪烁（仅指装有指示灯的发动机）。此时拔下节气门位置传感器插头与不拔插头结果是一样的，故障现象不会发生变化。

3. 故障现象稍有变化。说明此节气门位置传感器是好的。拔下节气门位置传感器插头前，电控单元根据节气门位置传感器信号进行控制，喷油量准确，发动机各工况均工作良好；当拔下节气门位置传感器插头时，电控单元根据节气门位置传感器信号进行控制，喷油量有差异（可从数据流中读出微小的变化值），发动机工况相对稍差。

三、制订计划　　　　　　　　成绩：

1. 根据节气门位置传感器检查规范及要求，制订电动汽车动力系统认知实训计划。

作业流程		
序号	作业项目	操作要点
1	维修作业前检查及车辆防护	作业前准备及车辆防护
2	检查蓄电池电压	注意正负极
3	读取故障码	注意挡位及连接
4	节气门体系统部件外观检查	拔插保险继电器等要断电
5	节气门体系统部件连接检查	检查搭铁时需断电
6	故障验证	试车验证
计划审核	审核意见： 　　　　　　　　　　　　　　　　　　　　　签字： 　　　　　　　　　　　　　　　　　　年　　月　　日	

2. 请根据维修作业计划，完成小组成员任务分工。

操作人		记录员	
监护人		展示员	
作业注意事项			
（1）严格按照标准完成维修作业前准备工作，注意安全防护及车辆整洁维护。 （2）故障诊断排查坚持"安全第一"原则，严禁私自拉接线束、短路连接等违规操作。 （3）严格按照实训步骤进行实训任务，严禁使用尖锐工具暴力拆卸接插件、针脚等。 （4）爱护诊断、测量工具及设备，轻拿轻放，严禁磕碰及违规使用。			

检测设备、工具、材料			
序号	名称	数量	清点
1	实训用车速腾轿车	1辆	☐ 已清点
2	世达工具箱	1箱	☐ 已清点
3	防护用具	1套	☐ 已清点
4	线手套	2双	☐ 已清点
5	数字万用表	1个	☐ 已清点
6	故障诊断仪	1个	☐ 已清点
7	隔离柱	4个	☐ 已清点
8	警戒线	1卷	☐ 已清点
9	警示标识牌	1套	☐ 已清点
10	翼子板防护垫	1套	☐ 已清点

四、计划实施　　　　　　　　　成绩：

1. 请进行维修作业前检查及车辆防护，并记录信息。

（1）维修作业前现场环境检查。

环境检查

作业内容：检查绝缘垫，设立隔离柱，布置警戒线，张贴警示牌。

作业结果：＿＿＿＿＿＿＿＿＿＿＿＿＿＿＿＿＿＿＿＿＿＿＿＿＿＿＿＿＿＿＿＿＿＿＿＿＿＿＿。

（2）维修作业前防护用具检查。

新能源汽车维修防护工

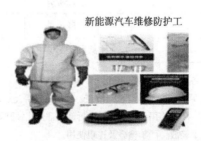

防护用具检查

作业内容：手套、绝缘鞋、护目镜、安全帽外观及性能检查。

作业结果：_____。

（3）维修作业前仪表工具检查。

仪表工具检查

作业内容：万用表、世达工具箱、故障诊断仪外观及性能检查。

作业结果：_____。

（4）维修作业前实施车辆防护。

车辆防护

作业内容：铺设翼子板防护垫、汽车维修三件套、脚垫。

作业结果：_____。

2. 检查蓄电池，并记录数据。

检查蓄电池

测量蓄电池电压：

蓄电池正极连接：□ 正常　□ 异常

蓄电池负极连接：□ 正常　□ 异常

作业结果：□ 无故障　经检查，蓄电池电压正常、正负极连接处良好。

　　　　　□ 有故障　经检查，_____存在_____

　　　　　现象，需维修恢复。

3. 拔下连接器插头，打开点火开关至"ON"位置，检测传感器 Vcc 和怠速触点、Vcc 和节气门全开触电之间的电压。

测量电压

外观：□ 正常　□ 破损　□ 脏污

电压值是否介于 4.5~5.5 V：□ 是　□ 否

作业结果：□ 无故障　经检查，传感器的电压正常，无故障现象。

　　　　　□ 有故障　经检查，传感器的电压为_____V，异常，需

　　　　　进一步检查 ECU 连接电路。

4. 拔下节气门电位计插头，检测 Vcc 与怠速触点间的电阻（应为 1.5~2.6 kΩ），并记录数据。

拔下节气门电位计插头，测量Vcc与怠速触点之间的电阻，应为1.5~2.6 kΩ

测量 Vcc 与怠速触点间的电阻

外观：□ 正常　□ 破损　□ 脏污

电阻值是否介于 1.5~2.6 kΩ：□ 是　□ 否

作业结果：□ 无故障　经检查，电阻值介于 1.5~2.6 kΩ，无故障现象。

　　　　　□ 有故障　经检查，电阻值为_____，说明节气门位置

　　　　　传感器有故障，需更换恢复。

5. 测量 Vcc 与 VTH 间的电阻，并记录数据。

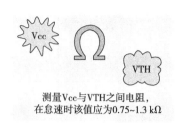

测量Vcc与VTH之间电阻，
在怠速时该值应为0.75~1.3 kΩ

测量 Vcc 与 VTH 间的电阻

外观：□ 正常　　□ 破损　　□ 脏污

怠速时是否应介于 0.75~1.3 kΩ：□ 是　　□ 否

作业结果：□ 无故障　经检查，怠速时电阻正常，无故障现象。

　　　　　□ 有故障　经检查，怠速时电阻为＿＿＿＿＿＿＿＿＿＿＿ V，需维修
恢复。

6. 确定节气门位置传感器的故障问题，并记录数据。

确定故障问题

外观：□ 正常　　□ 退针　　□ 破损　　□ 脏污

零部件：□ 正常　　□ 异常

作业结果：□ 无故障　经检查，节气门位置传感器工作正常，无脏污无故障现象。

　　　　　□ 有故障　经检查，＿＿＿＿＿＿＿＿＿＿存在＿＿＿＿＿＿＿＿＿＿＿
现象，需维修恢复。

7. 请启动车辆并完成相应车辆驾驶操作，以验证故障现象是否解除。

（1）记录启动车辆后的信息数据。

记录启动车辆信息数据

点火钥匙位置：□ Start □ On □ Acc □ Lock

启动指示灯：□ 熄灭 □ 点亮 续航里程：_____ km

挡位情况：□ R □ N □ D □ P 动力电池电压值：_____ V

仪表显示：_____ 提示语：_____

故障灯：_____

故障现象：_____

（2）记录行驶模式下的仪表信息数据。

记录行驶模式下的仪表信息数据

挡位情况：□ R □ N □ D □ P

车辆能否正常启动：□ 能 □ 不能

仪表显示：_____ 提示语：_____

故障灯：_____

故障现象：_____

（3）故障验证结论。

结论：_____

五、质量检查　　　　　　　　成绩：

请实训指导教师检查本组作业结果，并针对实训过程中出现的问题提出改进措施及建议。

序号	评价标准	评价结果
1	检修前场地及设备准备的完善性	
2	正确采集故障现象及进行故障分析	
3	节气门位置传感器故障排查步骤的完整性	
4	维修完毕，故障消除，车辆可正常行驶	
5	维修完毕，恢复场地	
综合评价	☆ ☆ ☆ ☆ ☆	
综合评语		

六、评价反馈　　　　　　　　　成绩：

请根据自己在实训中的实际表现进行自我反思和自我评价。

自我反思：_____

_____

_____。

自我评价：_____

_____

_____。

节气门位置传感器的检测与维修

实训日期：

姓名：		班级：		学号：		教师签名：
自评：□ 熟练　□ 不熟练		互评：□ 熟练　□ 不熟练		师评：□ 合格　□ 不合格		
日期：		日期：		日期：		

节气门位置传感器的检测与维修【评分细则】							
序号	评分项	得分条件	分值	评分要求	自评	互评	师评
1	安全/7S/态度	□ 1. 能进行工位 7S 操作 □ 2. 能进行设备和工具安全检查 □ 3. 能进行车辆安全防护操作 □ 4. 能进行工具清洁、校准、存放操作 □ 5. 能进行"三不落地"操作	15	未完成 1 项扣 3 分，扣分不得超过 15 分	□ 熟练 □ 不熟练	□ 熟练 □ 不熟练	□ 合格 □ 不合格
2	专业技术能力	□ 1. 能正确确认故障现象 □ 2. 能规范拆卸空气流量计 □ 3. 测量节气门位置传感器的供电电压 □ 4. 能正确检查输出信号电压 □ 5. 能正确检查线束的导通性 □ 6. 能确认线束之间是否短路 □ 7. 能规范调整空气流量计	50	未完成 1 项扣 6 分，扣分不得超过 50 分	□ 熟练 □ 不熟练	□ 熟练 □ 不熟练	□ 合格 □ 不合格
3	工具及设备使用能力	□ 1. 能正确使用故障诊断仪 □ 2. 能正确使用万用表 □ 3. 能正确使用拆卸工具	10	未完成 1 项扣 3 分，扣分不得超过 10 分	□ 熟练 □ 不熟练	□ 熟练 □ 不熟练	□ 合格 □ 不合格
4	资料、信息查询能力	□ 1. 能正确查询线束插接器端子含义 □ 2. 能正确使用维修手册查询资料 □ 3. 能正确记录查询资料章节及页码 □ 4. 能正确记录所需维修信息	10	未完成 1 项扣 3 分，扣分不得超过 10 分	□ 熟练 □ 不熟练	□ 熟练 □ 不熟练	□ 合格 □ 不合格
5	数据判断和分析能力	□ 1. 能判断节气门位置传感器供电电压是否正常 □ 2. 能判断节气门位置传感器电阻是否正常 □ 3. 能判断节气门位置传感器搭铁是否正常 □ 4. 能判断节气门位置传感器线束是否短路	10	未完成 1 项扣 3 分，扣分不得超过 10 分	□ 熟练 □ 不熟练	□ 熟练 □ 不熟练	□ 合格 □ 不合格
6	表单填写报告的撰写能力	□ 1. 字迹清晰 □ 2. 语句通顺 □ 3. 无错别字 □ 4. 无涂改 □ 5. 无抄袭	5	未完成 1 项扣 1 分，扣分不得超过 5 分	□ 熟练 □ 不熟练	□ 熟练 □ 不熟练	□ 合格 □ 不合格
总　分：							

3-1　电动燃油泵的检测

指导教师：　　　　　　　　　　　参考学时：

实训目标：

1. 使学生能正确使用万用表、故障诊断仪以及示波器等仪器。

2. 查阅维修手册，掌握电动燃油泵的就车检查。

3. 能依据维修手册，对电动燃油泵进行故障分析及检修。

一、接受工作任务　　　　　　　　成绩：

企业工作任务：

一辆大众速腾轿车，踩下制动踏板的同时按下一键启动开关后，驾驶员发现启动困难，经维修技师初步诊断，确定为电动燃油泵故障。请根据该故障现象制定一份电动燃油泵故障检修方案，完成电动燃油泵故障诊断与排除。

二、信息收集　　　　　　　　　　成绩：

（一）大众速腾轿车燃油供给系统的组成

大众速腾轿车的燃油供给系统主要由油箱、油泵、燃油滤清器、喷油器、燃油压力调节器、燃油管路和燃油表等组成。

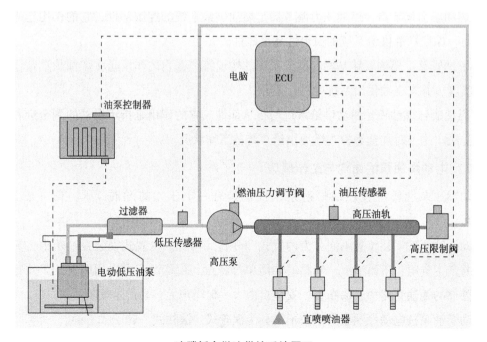

速腾轿车燃油供给系统原理

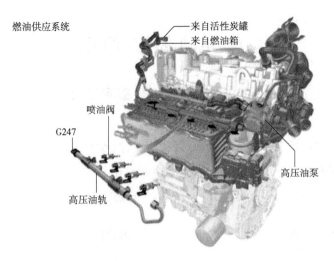

EA211 1.4TSI 发动机燃油供给系统机械结构

1. 油箱：油箱是燃油供给系统的储油容器，它的作用是储存燃油，并将燃油稳定地输送到燃油供给系统。

2. 油泵：油泵是燃油供给系统的核心部件，它的作用是将燃油从油箱中抽出，并通过燃油管路将燃油输送到燃油供给喷嘴。

3. 燃油滤清器：燃油滤清器是燃油供给系统的重要部件，它的作用是过滤燃油中的杂质和水分，保证燃油的清洁度，避免燃油供给系统的堵塞和故障。

4. 喷油器：喷油器是燃油供给系统的喷射部件，它的作用是通过控制喷油量，将燃油喷入燃烧室，实现燃油的雾化和混合。

5. 燃油压力调节器：燃油压力调节器是燃油供给系统的控制部件，它的作用是通过调节燃油压力，保证燃油供给系统的稳定性和可靠性。

6. 燃油管路：燃油管路是燃油供给系统的输油管道，它的作用是将燃油从油箱输送到燃油供给喷嘴，并在燃油供给系统中进行循环。

7. 燃油表：燃油表是燃油供给系统的指示部件，它的作用是指示燃油的剩余量和燃油的压力，提醒车主及时加油和检查燃油供给系统的工作状况。

（二）电动燃油泵的结构与工作原理

电动燃油泵能给电控燃油喷射系统提供具有一定压力的燃油，压力值一般为 0.2 ~ 0.45 MPa。

电动燃油泵按安装位置不同分为内置式和外置式两种。内置式安装在油箱中，具有噪声小、不易产生气阻、不易泄漏、管路安装简单等特点。现代汽车多采用内置式。外置式串接在油箱外部的输油管路中，易布置、安装自由大，但噪声大，易产生气阻。

电动燃油泵按电动燃油泵的结构不同分为涡轮式、滚柱式、转子式三种。

电动燃油泵多装于燃油箱内部，浸泡在燃油中，是一种由小型永磁直流电动机驱动的油泵，主要由泵体、永磁式电动机和壳体三部分组成。

下面以涡轮式电动燃油泵为例，介绍其结构和工作原理。

1. 结构。速腾轿车的涡轮式电动燃油泵主要由直流电动机电枢、永久磁铁、叶轮、壳体、限压阀以及单向止回阀等组成。叶轮是一个圆形平板，在平板的圆周上加工有很多小槽，形成泵油叶片。

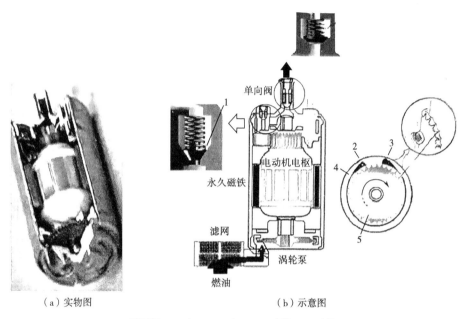

（a）实物图　　　　　　　　　　（b）示意图

1—限压阀；2—出口；3—入口；4—壳体；5—叶轮

电动燃油泵的结构

2. 工作原理。当电动机转动时，带动叶轮旋转，小槽内的汽油随叶轮一同高速旋转。由于叶片的带动和离心力的作用，出口处油压增高，而在进口处产生真空，从而使汽油从进口处吸入，从出口处排出。

从图中可以看出，汽油流经电动机内部，对电动机有冷却作用，所以这种燃油泵又称为湿式泵。内装式燃油泵严禁在无油的情况下运转，以免烧坏。

限压阀（也称为泄压阀）的作用是当油压超过 0.45 MPa 时克服弹簧的力开启，使汽油流回油箱，以防油压过高损坏燃油泵或油管。在出油口处还装有单向止回阀，发动机停车后，止回阀关闭，防止管路中的汽油倒流回燃油泵，借以保持管路中有一定的残压，以便于发动机的再启动。

叶片式电动燃油泵运转噪声小、油压脉动小、泵油压力高、叶片磨损小、寿命长，所以被越来越多的轿车使用。

三、制订计划　　　　　　　　成绩：

1. 根据汽车故障检查规范及要求，制订电动燃油泵的检测实训计划。

27

作业流程		
序号	作业项目	操作要点
1	维修作业前检查及车辆防护	作业前准备及车辆防护
2	确认故障现象	1. 电动燃油泵不转 2. 电动燃油泵无高（低）速 3. 电动燃油泵油压不够高
3	验证燃油泵工作条件	验证供给燃油泵额定的工作电压和供油管路以及回油管路是否通畅
4	燃油泵就车检查	1. 燃油泵工作状态检查 2. 燃油泵开路检测 3. 供油量的检查
5	燃油泵的拆装	1. 燃油泵的拆卸 2. 燃油泵进油滤网的维护 3. 燃油泵的安装
6	燃油泵控制电路的检修	燃油泵端子电压的测量
7	竣工检验	试车验证
计划审核	审核意见： 签字： 年　月　日	

2. 请根据维修作业计划，完成小组成员任务分工。

操作人		记录员	
监护人		展示员	
作业注意事项			

（1）严格按照标准完成维修作业前准备工作，注意安全防护及车辆整洁维护。
（2）故障诊断排查坚持"安全第一"原则，严禁私自拉接线束、短路连接等违规操作。
（3）严格按照实训步骤进行实训任务，严禁使用尖锐工具暴力拆卸接插件、针脚等。
（4）爱护诊断、测量工具及设备，轻拿轻放，严禁磕碰及违规使用。

检测设备、工具、材料			
序号	名称	数量	清点
1	实训用车速腾轿车	1辆	□ 已清点
2	世达工具箱	1箱	□ 已清点
3	防护用具	1套	□ 已清点
4	白手套	2双	□ 已清点

检测设备、工具、材料			
序号	名称	数量	清点
5	数字万用表	1个	□ 已清点
6	举升机	1个	□ 已清点
7	故障诊断仪	1个	□ 已清点
8	隔离柱	4个	□ 已清点
9	警戒线	1卷	□ 已清点
10	警示标识牌	1套	□ 已清点
11	翼子板防护垫	1套	□ 已清点

四、计划实施　　　　　　　　成绩：

1. 请进行维修作业前检查及车辆防护，并记录信息。

（1）维修作业前现场环境检查。

环境检查

作业内容：检查车辆稳定状态，设立隔离柱，布置警戒线，张贴警示牌。

作业结果：_____。

（2）维修作业前防护用具检查。

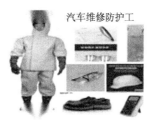

防护用具检查

29

作业内容：绝缘手套、绝缘鞋、护目镜、安全帽外观及性能检查。

作业结果：_____。

（3）维修作业前仪表工具检查。

仪表工具检查

作业内容：数字万用表、工具箱、工装外观及性能检查。

作业结果：_____。

（4）维修作业前实施车辆防护。

车辆防护

作业内容：铺设翼子板防护垫、汽车维修三件套、脚垫。

作业结果：_____。

2. 确认故障现象。

确认故障现象

确认电动燃油泵的故障现象：

电动燃油泵不转：□是 □否

电动燃油泵无高（低）速：□是 □否

电动燃油泵油压不够高：□ 是　□ 否

作业结果：经检查，_____ 存在 _____ 故障现象，需维修恢复。

3. 验证燃油泵工作条件。

验证燃油泵工作条件

燃油泵额定工作电压：□ 正常　□ 异常

供油管路：□ 正常　□ 异常

回油管路：□ 正常　□ 异常

作业结果：经检查，燃油泵额定电压为 _____。供油/回油管路 _____，需进一步检查。

4. 燃油泵就车检查，并记录数据。

燃油泵就车检查

工作状态检查：点火开关置于"ON"，在油箱口处能否听到燃油泵工作的声音：□ 能　□ 不能

用手捏进油软管是否感觉有压力：□ 是　□ 否

开路检测：将蓄电池两极与燃油泵两接线柱连接，导线短接打开点火开关，倾听燃油泵有无运转声：□ 有　□ 无

燃油泵上两个接线端子间的电阻值：_____ Ω

电动燃油泵供油量检查：_____ L/30s

作业结果：经检查，燃油泵工作状态_____（正常/不正常），燃油泵开路检测_____（正常/不正常），燃油泵供油量_____（正常/不正常）。

    5. 拆卸燃油泵，并记录数据。

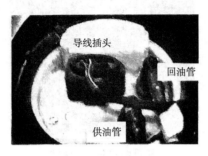

拆卸燃油泵

（1）拆下蓄电池的负极搭铁。

（2）释放燃油系统内的压力。

（3）拆下汽油箱密封凸缘的盖板。

（4）从密封凸缘上拔下供油管和回油管。

（5）汽油箱开口处拉出密封凸缘、橡胶密封件及导线插头。

（6）从汽油箱中拉出燃油泵。

作业结果：

是否完成了燃油泵的拆卸？_____

拆卸过程中是否出现了问题？_____

    6. 燃油泵进油滤网维护。

燃油泵进油滤网维护

①检查燃油泵进油口处的进油滤网。

②检查杂质和胶质是否较多，如较多，应清洗油泵滤网和汽油箱。

③检查进油滤网是否破损，如破损，应更换燃油泵总成。

作业结果：

是否清洗了燃油泵进油滤网？ _____

是否需要更换燃油泵总成？ _____

7. 安装燃油泵。

安装燃油泵

（1）将输油管和回油管以及燃油泵接头插入到燃油泵上。

（2）将燃油泵插入到汽油箱内。

（3）用专用工具将燃油泵拧紧在汽油箱底部的固定位置上。

（4）在汽油箱开口上安装好密封圈。

（5）将密封凸缘连同浮子和燃油传感器安装到位。

（6）接上进油管和回油管以及4个端子的导线接头。

（7）检查安装正确后，闭合点火开关，观察、倾听燃油泵是否运转正常。

作业结果：

是否完成了燃油泵的安装？ _____

安装过程中是否出现了问题？ _____

8. 燃油泵控制电路检修。

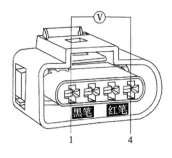

燃油泵控制电路检修

红表棒接端子4，黑表棒接端子1，启动发动机，观察万用表读数。若电压为9 V以上，则控制电路正常；若为9 V以下，则出现控制电路故障，应进一步检查熔断丝、继电器、点火开关和线路等是否接触不良；若电压为"0"，则要检查 ECU、熔断丝、继电器、点火开关和线路等是否损坏和断路。

作业结果：

燃油泵端子电压为 _____ V；控制电路 _____
（正常/不正常）。

9. 完成车辆启动及车辆驾驶操作，以验证故障现象是否解除。

（1）记录整车上电仪表信息数据。

记录整车上电仪表信息数据

点火钥匙位置：□ Start　□ On　□ Acc　□ Lock

READY 指示灯：□ 熄灭　□ 点亮　行驶里程：_____ km

挡位情况：□ R　□ N　□ D　□ P　蓄电池电压值：_____ V

仪表显示：_____　提示语：_____

故障灯：_____

故障现象：_____

（2）记录行驶模式下的仪表信息数据。

记录行驶模式下的仪表信息数据

挡位情况：□ R　□ N　□ D　□ P

车辆能否正常启动：□ 能　□ 不能

仪表显示：_____　提示语：_____

故障灯：_____

故障现象：_____

（3）故障验证结论。

结论：_____

五、质量检查　　　　　　　　成绩：

请实训指导教师检查本组作业结果，并针对实训过程中出现的问题提出改进措施及建议。

序号	评价标准	评价结果
1	检修前场地及设备准备的完善性	
2	正确采集故障现象及进行故障分析	
3	系统故障排查步骤的完整性	
4	维修完毕，故障消除，车辆可正常行驶	
5	维修完毕，恢复场地	
综合评价	☆ ☆ ☆ ☆ ☆	
综合评语		

六、评价反馈　　　　　　　　成绩：

请根据自己在实训中的实际表现进行自我反思和自我评价。

自我反思：_____

_____

_____。

自我评价：_____

_____

_____。

电动燃油泵的检测

实训日期：

姓名：		班级：		学号：		教师签名：
自评：□ 熟练　□ 不熟练		互评：□ 熟练　□ 不熟练		师评：□ 合格　□ 不合格		
日期：		日期：		日期：		

电动燃油泵的检测【评分细则】

序号	评分项	得分条件	分值	评分要求	自评	互评	师评
1	安全/7S/态度	□ 1. 能进行工位 7S 操作 □ 2. 能进行设备和工具安全检查 □ 3. 能进行车辆安全防护操作 □ 4. 能进行工具清洁、校准、存放操作 □ 5. 能进行"三不落地"操作	15	未完成 1 项扣 3 分，扣分不得超过 15 分	□ 熟练 □ 不熟练	□ 熟练 □ 不熟练	□ 合格 □ 不合格
2	专业技术能力	□ 1. 能正确认故障现象 □ 2. 能规范进行电动燃油泵的就车检查 □ 3. 能正确拆装和检测电动燃油泵 □ 4. 能正确检查电动燃油泵工作状态 □ 5. 能正确检查电动燃油泵供油量 □ 6. 能正确维护电动燃油泵进油滤网	50	未完成 1 项扣 6 分，扣分不得超过 50 分	□ 熟练 □ 不熟练	□ 熟练 □ 不熟练	□ 合格 □ 不合格
3	工具及设备的使用能力	□ 1. 能正确使用故障诊断仪 □ 2. 能正确使用万用表 □ 3. 能正确使用扳手等常用工具	10	未完成 1 项扣 3 分，扣分不得超过 10 分	□ 熟练 □ 不熟练	□ 熟练 □ 不熟练	□ 合格 □ 不合格
4	资料、信息查询能力	□ 1. 能正确查询线束插接器端子含义 □ 2. 能正确使用维修手册查询资料 □ 3. 能正确记录查询资料章节及页码 □ 4. 能正确记录所需维修信息	10	未完成 1 项扣 3 分，扣分不得超过 10 分	□ 熟练 □ 不熟练	□ 熟练 □ 不熟练	□ 合格 □ 不合格
5	数据判断和分析能力	□ 1. 能判断燃油泵工作声音是否正常 □ 2. 能判断燃油泵两端子间电阻值是否正常 □ 3. 能判断燃油泵进油管是否有压力 □ 4. 能判断燃油泵供油量是否正常	10	未完成 1 项扣 3 分，扣分不得超过 10 分	□ 熟练 □ 不熟练	□ 熟练 □ 不熟练	□ 合格 □ 不合格
6	表单填写报告的撰写能力	□ 1. 字迹清晰 □ 2. 语句通顺 □ 3. 无错别字 □ 4. 无涂改 □ 5. 无抄袭	5	未完成 1 项扣 1 分，扣分不得超过 5 分	□ 熟练 □ 不熟练	□ 熟练 □ 不熟练	□ 合格 □ 不合格
总　分：							

3-2 燃油压力的检测

指导教师：   参考学时：

实训目标：

1. 检测各工况下燃油系统的压力，并能依据测量值判断油泵、燃油压力调节器、真空管等部件的性能。

2. 读取并会分析静态油压、怠速油压、急加速油压、最大油压、保持油压。

3. 实训过程中能够遵守安全操作规范。

一、接受工作任务   成绩：

企业工作任务：

一辆大众速腾轿车，踩下加速踏板后发动机转速不能马上升高，有迟滞现象。经维修技师初步诊断，确定为燃油压力调节器故障。请根据该故障现象制定一份燃油压力调节器故障检修方案，完成故障诊断与排除。

二、信息收集   成绩：

燃油压力调节器的作用是使燃料供给系统的燃油压力与进气歧管的压力之差保持恒定，一般为 250~300 kPa。

（一）结构

燃油压力调节器安装于燃油分配管上，主要由壳体、膜片、回油阀门、弹簧和小弹簧等组成。膜片将燃油压力调节器分成弹簧室和燃油室，膜片下端带有阀门，用以控制回油量的多少；弹簧室通过真空接管与进气歧管相通，用以感受进气歧管压力的变化。

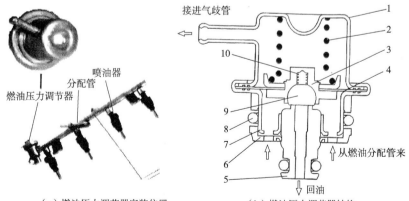

（a）燃油压力调节器安装位置   （b）燃油压力调节器结构
1—上盖；2—弹簧；3—阀座；4—膜片；5—回油管嘴；6—下盖；7—壳体；8—"O"形密封圈；9—阀门；10—小弹簧

燃油压力调节器的安装位置及结构

（二） 工作原理

发动机 ECU 对喷油量的控制是通过控制喷油器电磁线圈通电时间的长短来实现的。当燃油系统的绝对油压与喷油器喷油口处的进气歧管的空气压力差不为定值时，喷油器电磁线圈通电时间即使相同，其喷油量也不相同。因此，为保证 ECU 对喷油量的精确控制，就必须保证燃油系统的绝对油压与喷油器喷油口处的进气歧管的空气压力差恒定。

当进气歧管的压力减小时（发动机负荷减小），压力油克服弹簧力使膜片上移，回油阀门开启，汽油流回油箱，供油系统内压力下降［如图中（a）所示］。反之，当进气歧管的压力增加时（发动机负荷增大），弹簧弹力使膜片下移，回油阀门变小或关闭，回油量变小或终止，供油系统内压力上升［如图中（b）所示］。如此反复，使两者的压差始终保持恒定，使喷油量只取决于喷油器电磁线圈通电时间，从而达到 ECU 对喷油量的精确控制。

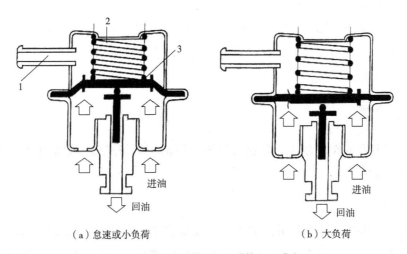

（a）怠速或小负荷　　　　　　　　（b）大负荷

1—接进气歧管口；2—弹簧；3—膜片

燃油压力调节器的工作原理

三、制订计划　　　　　　　　　　成绩：

1. 根据汽车系统检查规范及要求，制订认知实训计划。

作业流程		
序号	作业项目	操作要点
1	维修作业前检查及车辆防护	作业前准备及车辆防护
2	确认故障现象	注意是否破损、污损、插接或连接松动
3	燃油压力的检测	1. 卸压 2. 安装燃油压力表 3. 检测及结果分析

作业流程		
序号	作业项目	操作要点
4	故障验证	试车验证
计划审核	审核意见： 签字： 年 月 日	

2. 请根据维修作业计划，完成小组成员任务分工。

操作人		记录员	
监护人		展示员	
作业注意事项			

（1）严格按照标准完成维修作业前准备工作，注意高压安全防护及车辆整洁维护。
（2）故障诊断排查坚持"安全第一"原则，严禁私自拉接线束、短路连接等违规操作。
（3）严格按照实训步骤进行实训任务，严禁使用尖锐工具暴力拆卸接插件、针脚等。
（4）爱护诊断、测量工具及设备，轻拿轻放，严禁磕碰及违规使用。

检测设备、工具、材料			
序号	名称	数量	清点
1	实训用车速腾轿车	1辆	□已清点
2	世达工具箱	1箱	□已清点
3	防护用具	1套	□已清点
4	白手套	2双	□已清点
5	数字万用表	1个	□已清点
6	绝缘测试仪	1个	□已清点
7	故障诊断仪	1个	□已清点
8	隔离柱	4个	□已清点
9	警戒线	1卷	□已清点
10	警示标识牌	1套	□已清点
11	翼子板防护垫	1套	□已清点

四、计划实施 成绩：

1. 请进行维修作业前检查及车辆防护，并记录信息。

（1）维修作业前现场环境检查。

环境检查

作业内容：检查绝缘垫，设立隔离柱，布置警戒线，张贴警示牌。

作业结果：_____。

（2）维修作业前防护用具检查。

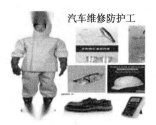

防护用具检查

作业内容：绝缘手套、绝缘鞋、护目镜、安全帽外观及性能检查。

作业结果：_____。

（3）维修作业前仪表工具检查。

仪表工具检查

作业内容：绝缘万用表、绝缘工具箱、放电工装外观及性能检查。

作业结果：_____。

（4）维修作业前实施车辆防护。

车辆防护

作业内容：铺设翼子板防护垫、汽车维修三件套、脚垫。

作业结果：_____。

2. 确认故障现象，并记录数据。

确认故障现象

发动机是否能够正常启动：☐ 是　☐ 否

发动机启动时是否出现抖动：☐ 是　☐ 否

汽车行驶时是否出现突然熄火：☐ 是　☐ 否

熄火后发动机是否能够再次启动：☐ 是　☐ 否

作业结果：经检查，_____存在_____现象，需维修恢复。

3. 卸压。

卸压

启动发动机，在发动机运转时拔下电动燃油泵继电器或电动燃油泵导线插头，直至发动机自行熄火后，再次启动发动机3~5次，利用启动喷射卸除油管中的残余压力。

作业结果：

是否进行有效卸压？＿＿＿＿＿＿＿＿＿＿＿＿＿＿＿＿＿＿＿＿＿＿＿＿＿＿＿

卸压过程中是否出现问题？＿＿＿＿＿＿＿＿＿＿＿＿＿＿＿＿＿＿＿＿＿＿

4. 安装燃油压力表。

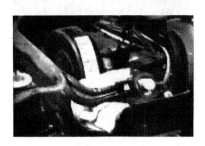

安装燃油压力表

（1）拆下蓄电池负极搭铁线。

（2）在燃油压力调节器和油管下垫上棉布，拆下进油管。

（3）接上测试压力表。

（4）紧固卡箍，防止漏油。

（5）装复蓄电池负极搭铁线、电动燃油泵继电器和电动燃油泵导线插头。

（6）闭合点火开关，观察压力表读数。

作业结果：

是否正确安装燃油压力表？＿＿＿＿＿＿＿＿＿＿＿＿＿＿＿＿＿＿＿＿＿

安装过程中是否出现问题？＿＿＿＿＿＿＿＿＿＿＿＿＿＿＿＿＿＿＿＿＿＿

5. 检测及结果分析。

检测及结果分析

工作状态	测试步骤和方法	燃油压力标准值	结果分析及检修方法
静态油压	打开点火开关使电动燃油泵运转（使发动机不转），此时应能听到燃油泵的声音	燃油压力应为 300 ± 20 kPa	分析：如测得油压偏高，则是由于回油管变形或燃油压力调节器损坏造成的。应先检查回油管是否变形；若回油管完好，则更换燃油压力调节器。 如测得油压偏低，则是由于油泵进油滤网脏堵、油泵内部磨损、限压阀损坏或失效、汽油滤清器脏堵、燃油压力调节器调压弹簧过软或喷油器喷孔卡滞常喷油等造成的。 检修：可先更换汽油滤清器试一下，若油压无变化，则需更换燃油泵或燃油压力调节器。

工作状态	测试步骤和方法	燃油压力标准值	结果分析及检修方法
怠速油压	发动机怠速运转	一般为 250±20 kPa	分析：怠速工作油压偏高多是由于燃油压力调节器真空管错装、漏装或漏气所造成的。 检修：检视真空管安装是否正确、是否漏气，必要时更换。 检测怠速工作油压时，按下真空管时油压应上升至 300±20 kPa（与静态油压基本相等），否则应更换燃油压力调节器。
急加速油压	急加速至节气门全开时，记录油压表示数	上升至 300±20 kPa	分析：若急加速油压无变化，则可能是真空管插错或漏气。 检修：若急加速油压与怠速工作油压差值小于 50 kPa，则说明在节气门全开时进气系统仍存在真空节流（例如节气门无法开至最大角度），应予以检修。
最大供油压力	用包有软布的钳子夹住回油管	一般为工作油压的 2~3 倍，即 500~750 kPa	分析：油泵最大供油压力偏高是由于油泵限压阀卡滞造成的，应更换电动燃油泵。 油泵最大供油压力偏低是由于燃油滤清器堵塞、电动燃油泵内部磨损、油泵进油滤网脏堵、油泵限压阀关闭不严或调压弹簧过软造成的。 检修：应先更换燃油滤清器，若油压仍然偏低，则从油箱中拆出燃油泵检视，观察滤网是否脏堵；否则，更换燃油泵总成。
燃油系统保持压力	松开油管夹钳，恢复静态油压，使油泵停转，此时油压表示数即为燃油供给系统保持压力	一般规定在 10 min 内系统保持压力应大于 150 kPa	分析：保持压力过低是由于电动燃油泵止回阀关闭不严、燃油压力调节器回油口关闭不严或喷油器滴漏造成的。 检修：应首先恢复静态油压，再用包有软布的钳子夹住回油软管，若压力停止下降，则应更换油压。 调节器：若保持压力继续下降说明电动燃油泵止回阀密封不严，应更换燃油泵总成。
装复	检查完毕后，应释放系统压力，拆下燃油压力表，装复燃油系统		

作业结果：经检查，燃油压力不正常的故障原因是＿＿＿＿＿＿＿＿＿＿＿＿＿＿＿，应该进行

＿＿＿＿＿＿＿＿＿＿＿＿＿＿＿，以排除故障。

6. 启动车辆并完成车辆驾驶操作，以验证故障现象是否解除。

（1）记录整车上电仪表信息数据。

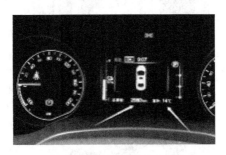

记录整车上电仪表信息数据

点火钥匙位置：□ Start　　□ On　　□ Acc　　□ Lock

READY 指示灯：□ 熄灭 □ 点亮　　续航里程：＿＿＿＿＿＿＿＿＿＿＿＿＿ km

挡位情况：□ R　　□ N　　□ D　　□ P　　动力电池电压值：＿＿＿＿＿＿＿＿＿＿＿ V

仪表显示：＿＿＿＿＿＿＿＿＿＿＿＿＿＿＿　提示语：＿＿＿＿＿＿＿＿＿＿＿＿＿＿＿

故障灯：＿＿＿＿＿＿＿＿＿＿＿＿＿＿＿＿＿＿＿＿＿＿＿＿＿＿＿＿＿＿＿＿＿

故障现象：＿＿＿＿＿＿＿＿＿＿＿＿＿＿＿＿＿＿＿＿＿＿＿＿＿＿＿＿＿＿＿＿

（2）记录行驶模式下的仪表信息数据。

记录行驶模式下的仪表信息数据

挡位情况：□ R　　□ N　　□ D　　□ P

车辆能否正常启动：□ 能　　□ 不能

仪表显示：＿＿＿＿＿＿＿＿＿＿＿＿＿＿＿　提示语：＿＿＿＿＿＿＿＿＿＿＿＿＿＿＿

故障灯：＿＿＿＿＿＿＿＿＿＿＿＿＿＿＿＿＿＿＿＿＿＿＿＿＿＿＿＿＿＿＿＿＿

故障现象：＿＿＿＿＿＿＿＿＿＿＿＿＿＿＿＿＿＿＿＿＿＿＿＿＿＿＿＿＿＿＿＿

（3）故障验证结论。

结论：＿＿＿＿＿＿＿＿＿＿＿＿＿＿＿＿＿＿＿＿＿＿＿＿＿＿＿＿＿＿＿＿＿

五、质量检查　　　　　　　　成绩：

请实训指导教师检查本组作业结果，并针对实训过程中出现的问题提出改进措施及建议。

序号	评价标准	评价结果
1	检修前场地及设备准备的完善性	
2	正确采集故障现象及进行故障分析	
3	系统故障排查步骤的完整性	
4	维修完毕，故障消除，车辆可正常行驶	
5	维修完毕，恢复场地	
综合评价	☆ ☆ ☆ ☆ ☆	
综合评语		

六、评价反馈　　　　　　　　成绩：

请根据自己在实训中的实际表现进行自我反思和自我评价。

自我反思：＿＿＿＿＿＿＿＿＿＿＿＿＿＿＿＿＿＿＿＿＿＿＿＿＿＿＿＿

＿＿＿＿＿＿＿＿＿＿＿＿＿＿＿＿＿＿＿＿＿＿＿＿＿＿＿＿＿＿＿＿＿＿

＿＿＿＿＿＿＿＿＿＿＿＿＿＿＿＿＿＿＿＿＿＿＿＿＿＿＿＿＿＿＿＿＿。

自我评价：＿＿＿＿＿＿＿＿＿＿＿＿＿＿＿＿＿＿＿＿＿＿＿＿＿＿＿＿

＿＿＿＿＿＿＿＿＿＿＿＿＿＿＿＿＿＿＿＿＿＿＿＿＿＿＿＿＿＿＿＿＿＿

＿＿＿＿＿＿＿＿＿＿＿＿＿＿＿＿＿＿＿＿＿＿＿＿＿＿＿＿＿＿＿＿＿。

燃油压力的检测

实训日期：

姓名：		班级：		学号：		教师签名：
自评：□ 熟练　□ 不熟练		互评：□ 熟练　□ 不熟练		师评：□ 合格　□ 不合格		
日期：		日期：		日期：		

<table>
<tr><th colspan="9">燃油压力的检测【评分细则】</th></tr>
<tr><th>序号</th><th>评分项</th><th>得分条件</th><th>分值</th><th>评分要求</th><th>自评</th><th>互评</th><th>师评</th></tr>
<tr>
<td>1</td>
<td>安全/
7S/
态度</td>
<td>□ 1. 能进行工位 7S 操作
□ 2. 能进行设备和工具安全检查
□ 3. 能进行车辆安全防护操作
□ 4. 能进行工具清洁、校准、存放操作
□ 5. 能进行"三不落地"操作</td>
<td>15</td>
<td>未完成 1 项
扣 3 分，扣分
不得超过 15 分</td>
<td>□ 熟练
□ 不熟练</td>
<td>□ 熟练
□ 不熟练</td>
<td>□ 合格
□ 不合格</td>
</tr>
<tr>
<td>2</td>
<td>专业
技术
能力</td>
<td>□ 1. 能正确确认故障现象
□ 2. 能规范进行燃油系统卸压操作
□ 3. 能正确安装燃油压力表
□ 4. 能正确检查静态油压、急速油压、急加速油压、最大供油压力、保持压力并进行结果分析
□ 5. 能正确完成燃油系统的装复</td>
<td>50</td>
<td>未完成 1 项
扣 6 分，扣分
不得超过 50 分</td>
<td>□ 熟练
□ 不熟练</td>
<td>□ 熟练
□ 不熟练</td>
<td>□ 合格
□ 不合格</td>
</tr>
<tr>
<td>3</td>
<td>工具及
设备的
使用
能力</td>
<td>□ 1. 能正确使用故障诊断仪
□ 2. 能正确使用燃油压力表
□ 3. 能正确使用扳手等常用工具</td>
<td>10</td>
<td>未完成 1 项
扣 3 分，扣分
不得超过 10 分</td>
<td>□ 熟练
□ 不熟练</td>
<td>□ 熟练
□ 不熟练</td>
<td>□ 合格
□ 不合格</td>
</tr>
<tr>
<td>4</td>
<td>资料、
信息
查询
能力</td>
<td>□ 1. 能正确查询燃油压力标准值
□ 2. 能正确使用维修手册查询资料
□ 3. 能正确记录查询资料章节及页码
□ 4. 能正确记录所需维修信息</td>
<td>10</td>
<td>未完成 1 项
扣 3 分，扣分
不得超过 10 分</td>
<td>□ 熟练
□ 不熟练</td>
<td>□ 熟练
□ 不熟练</td>
<td>□ 合格
□ 不合格</td>
</tr>
<tr>
<td>5</td>
<td>数据
判断和
分析
能力</td>
<td>□ 1. 能判断燃油泵工作声音是否正常
□ 2. 能判断静态油压、急速油压、急加速油压、最大供油压力、保持压力是否正常
□ 3. 能判断燃油泵滤网、燃油滤清器是否脏堵</td>
<td>10</td>
<td>未完成 1 项
扣 3 分，扣分
不得超过 10 分</td>
<td>□ 熟练
□ 不熟练</td>
<td>□ 熟练
□ 不熟练</td>
<td>□ 合格
□ 不合格</td>
</tr>
<tr>
<td>6</td>
<td>表单
填写
报告的
撰写
能力</td>
<td>□ 1. 字迹清晰
□ 2. 语句通顺
□ 3. 无错别字
□ 4. 无涂改
□ 5. 无抄袭</td>
<td>5</td>
<td>未完成 1 项
扣 1 分，扣分
不得超过 5 分</td>
<td>□ 熟练
□ 不熟练</td>
<td>□ 熟练
□ 不熟练</td>
<td>□ 合格
□ 不合格</td>
</tr>
<tr><td colspan="9">总　分：</td></tr>
</table>

3-3 喷油器的检测

指导教师：　　　　　　　　　　　　参考学时：

实训目标：

1. 使学生能正确使用万用表、故障诊断仪以及示波器等仪器。
2. 查阅维修手册，熟悉喷油器的检测方法。
3. 能依据维修手册，对喷油器进行拆检和故障分析及排除。

一、接受工作任务　　　　　　　成绩：

企业工作任务：

一辆 2018 款大众速腾轿车出现发动机启动困难、怠速不稳，经维修技师初步诊断，确定为喷油器故障。请根据该故障现象制定一份喷油器故障检修方案，完成故障诊断与排除。

二、信息收集　　　　　　　　　成绩：

（一）喷油器的结构

喷油器由电磁线圈、衔铁、复位弹簧、针阀、喷油器体等零件组成。该喷油器为上端供油两孔式喷油器，安装于各缸进气歧管末端，对准进气门喷油。

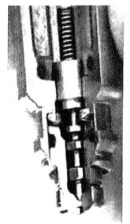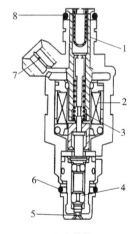

（a）实物　　　　　　　　　　（b）结构

1—进口滤网；2—电磁线圈；3—复位弹簧；4—针阀；5—喷油孔；
6—进气歧管"O"形密封圈；7—导线插片；8—燃油分配管"O"形密封圈

喷油器的实物与结构

在喷油器阀体与进气歧管的结合处有一"O"形密封圈，起密封作用，同时也起隔热作用，以防喷油器内燃油蒸发成气泡。在喷油器阀体与燃油分配管的结合处也有一"O"形密封圈，起密封作用。

喷油器是加工精度很高的精密器件，同时要求它具有良好的动态流量稳定性，抗堵塞、抗污染能力强，喷油雾化性能好。

(二) 喷油器的工作原理

喷油器喷油量取决于三个因素：喷油孔截面的大小、喷油压差和喷油持续时间。对于一定型号的喷油器来讲，喷油孔截面的大小是固定不变的，而喷油压差则由燃油压力调节器调节为定值，因此，喷油量只取决于喷油持续时间，即取决于喷油器电磁线圈的通电脉冲的宽度。

电磁线圈通电时，产生电磁力，吸动衔铁上移，带动针阀升起，阀门打开燃油喷出，如图中（a）所示；电磁线圈断电时，电磁力消失，针阀被弹簧压紧在阀座上，停止喷油，如图中（b）所示。

针阀的升程约为 0.15 mm，喷油持续时间在 2~10 ms 范围内。

孔式喷油器的优点是雾化质量好；缺点是自洁能力不强，易堵塞。

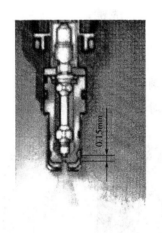 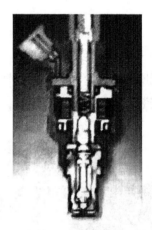

（a）针阀开启喷油　　　　　（b）针阀关闭停喷

喷油器的工作过程

三、制订计划　　　　　　　　成绩：

1. 根据汽车故障检查规范及要求，制订喷油器的检测实训计划。

作业流程		
序号	作业项目	操作要点
1	维修作业前检查及车辆防护	作业前准备及车辆防护
2	确认故障现象	发动机启动困难、急速不稳
3	喷油器工作状态检查	测听各缸喷油器工作的声音

	作业流程	
序号	作业项目	操作要点
4	喷油器工作电压测试	就车检查
5	喷油器电磁线圈电阻的测量	要考虑温度因素的影响
6	喷油器喷油量、喷油质量的检查	喷油量、雾化质量的检查
7	喷油器的清洗	就车清洗法和拆卸清洗法
8	竣工检验	试车验证
计划审核	审核意见： 签字： 年　　月　　日	

2. 请根据维修作业计划，完成小组成员任务分工。

操作人		记录员	
监护人		展示员	
作业注意事项			

（1）严格按照标准完成维修作业前准备工作，注意安全防护及车辆整洁维护。
（2）故障诊断排查坚持"安全第一"原则，严禁私自拉接线束、短路连接等违规操作。
（3）严格按照实训步骤进行实训任务，严禁使用尖锐工具暴力拆卸接插件、针脚等。
（4）爱护诊断、测量工具及设备，轻拿轻放，严禁磕碰及违规使用。

	检测设备、工具、材料		
序号	名称	数量	清点
1	实训用车速腾轿车	1辆	□已清点
2	世达工具箱	1箱	□已清点
3	防护用具	1套	□已清点
4	白手套	2双	□已清点
5	数字万用表	1个	□已清点
6	举升机	1个	□已清点
7	故障诊断仪	1个	□已清点
8	隔离柱	4个	□已清点
9	警戒线	1卷	□已清点
10	警示标识牌	1套	□已清点
11	翼子板防护垫	1套	□已清点

四、计划实施　　　　　　　成绩：

1. 请进行维修作业前检查及车辆防护，并记录信息。

（1）维修作业前现场环境检查。

环境检查

作业内容：检查车辆稳定状态，设立隔离柱，布置警戒线，张贴警示牌。

作业结果：_____。

（2）维修作业前防护用具检查。

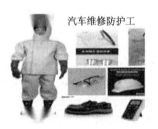

防护用具检查

作业内容：绝缘手套、绝缘鞋、护目镜、安全帽外观及性能检查。

作业结果：_____。

（3）维修作业前仪表工具检查。

仪表工具检查

作业内容：数字万用表、工具箱、工装外观及性能检查。

作业结果：_____。

（4）维修作业前实施车辆防护。

车辆防护

作业内容：铺设翼子板防护垫、汽车维修三件套、脚垫。

作业结果：_____。

2. 确认故障现象。

确认故障现象

确认喷油器的故障现象：

是否启动困难：□ 是　□ 否

是否怠速不稳：□ 是　□ 否

作业结果：经检查，_____存在_____故障现象，需维修恢复。

3. 喷油器工作状态检查。

喷油器工作状态检查

（1）发动机热机后怠速运转。

（2）用旋具、触杆式听诊器或手接触喷油器测听各缸喷油器工作的声音。

（3）此时应能听到清脆而有节奏的"嗒嗒"声，并随发动机转速的升高而加快。

（4）若某缸喷油器工作声音很小，则可能是针阀卡滞；若某缸喷油器听不见工作声音，则说明该缸喷油器不工作，应检查该缸喷油器及其控制线路。

作业结果：经检查，_____缸喷油器可能存在_____，经检查，存在_____故障。

4. 喷油器工作电压测试，并记录数据。

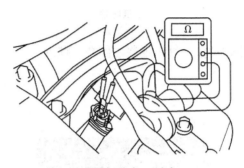

喷油器工作电压测试

（1）关闭点火开关，拔下喷油器插头。

（2）万用表电压挡，检查喷油器插口1号端子与地之间的电压，红表棒接1号端子，黑表棒接地，闭合点火开关瞬间，观察万用表读数。

（3）将一个二极管接在两插口上，闭合点火开关瞬间二极管应发亮。

作业结果：经测试，喷油器工作电压为_____V，可能存在_____故障。

5. 喷油器电磁线圈电阻的测量，并记录数据。

（1）测量喷油器两接线端子间（电磁线圈）的电阻值。

（2）喷油器在室温下电阻值为 13~18 Ω（达到发动机工作温度时电阻值会稍有增加）。

作业结果：喷油器电磁线圈电阻为_____Ω（温度为_____℃）。

6. 喷油器喷油量、喷油质量检查。

喷油器

喷油器喷油量、喷油质量检查

（1）喷油量和针阀密封性检查。

（2）雾化质量检查。

作业结果：喷油量为_____；喷油质量_____。

7. 喷油器清洗。

喷油器清洗

（1）就车清洗法。

a. 由清洗设备的油泵代替原车燃油泵给清洗液加压，并调至怠速油压。

b. 夹住回油管或将回油口堵死，以切断回油。

c. 启动发动机，此时清洗液代替汽油燃烧做功，直至清洗液用尽，自行熄火后清洗完毕。

（2）拆卸清洗法

a. 先将喷油器拆下，用化油器清洗剂浸泡、冲洗喷油器外表污物。

b. 将喷油器装回发动机，插好各缸喷油器的导线插头。

c. 拆下燃油分配管的进油管，向燃油分配管内喷注尽可能多的化油器清洗剂。

d. 装复进油管并检查有无泄漏。

e. 启动发动机，运转 3~5 min。

如此反复 2~4 次直至发动机工作正常为止。

作业结果：

是否完成了喷油器的清洗？_____

清洗过程中是否出现了问题？_____

8. 完成车辆启动及车辆驾驶操作，以验证故障现象是否解除。

（1）记录整车上电仪表信息数据。

记录整车上电仪表信息数据

点火钥匙位置：□ Start　□ On　□ Acc　□ Lock

READY 指示灯：□ 熄灭□ 点亮　行驶里程：_____ km

挡位情况：□R □N □D □P 蓄电池电压值：＿＿＿＿＿＿＿＿＿＿＿＿ V
仪表显示：＿＿＿＿＿＿＿＿＿＿＿＿＿＿＿＿ 提示语：＿＿＿＿＿＿＿＿＿＿＿＿＿＿＿＿＿
故障灯：＿＿＿＿＿＿＿＿＿＿＿＿＿＿＿＿＿＿＿＿＿＿＿＿＿＿＿＿＿＿＿＿＿＿＿＿＿
故障现象：＿＿＿＿＿＿＿＿＿＿＿＿＿＿＿＿＿＿＿＿＿＿＿＿＿＿＿＿＿＿＿＿＿＿＿

（2）记录行驶模式下仪表信息数据。

记录行驶模式下仪表信息数据

挡位情况：□R □N □D □P
车辆能否正常启动：□能 □不能
仪表显示：＿＿＿＿＿＿＿＿＿＿＿＿＿＿＿＿ 提示语：＿＿＿＿＿＿＿＿＿＿＿＿＿＿＿＿＿
故障灯：＿＿＿＿＿＿＿＿＿＿＿＿＿＿＿＿＿＿＿＿＿＿＿＿＿＿＿＿＿＿＿＿＿＿＿＿＿
故障现象：＿＿＿＿＿＿＿＿＿＿＿＿＿＿＿＿＿＿＿＿＿＿＿＿＿＿＿＿＿＿＿＿＿＿＿
（3）故障验证结论。
结论：＿＿＿＿＿＿＿＿＿＿＿＿＿＿＿＿＿＿＿＿＿＿＿＿＿＿＿＿＿＿＿＿＿＿＿＿＿

五、质量检查　　　　　　　　　　成绩：

请实训指导教师检查本组作业结果，并针对实训过程中出现的问题提出改进措施及建议。

序号	评价标准	评价结果
1	检修前场地及设备准备的完善性	
2	正确采集故障现象及进行故障分析	
3	系统故障排查步骤的完整性	
4	维修完毕，故障消除，车辆可正常行驶	
5	维修完毕，恢复场地	
综合评价	☆ ☆ ☆ ☆ ☆	
综合评语		

六、评价反馈　　　　　　　　　　成绩：

请根据自己在实训中的实际表现进行自我反思和自我评价。

自我反思：_____

_____

_____。

自我评价：_____

_____

_____。

喷油器的检测

实训日期：

姓名：		班级：		学号：		教师签名：
自评：□ 熟练　□ 不熟练		互评：□ 熟练　□ 不熟练		师评：□ 合格　□ 不合格		
日期：		日期：		日期：		

<table>
<tr><td colspan="9" align="center">喷油器的检测【评分细则】</td></tr>
<tr><td>序号</td><td>评分项</td><td>得分条件</td><td>分值</td><td>评分要求</td><td>自评</td><td>互评</td><td>师评</td></tr>
<tr>
<td>1</td>
<td>安全/
7S/
态度</td>
<td>□ 1. 能进行工位 7S 操作
□ 2. 能进行设备和工具安全检查
□ 3. 能进行车辆安全防护操作
□ 4. 能进行工具清洁、校准、存放操作
□ 5. 能进行"三不落地"操作</td>
<td>15</td>
<td>未完成1项
扣3分，扣分
不得超过15分</td>
<td>□ 熟练
□ 不熟练</td>
<td>□ 熟练
□ 不熟练</td>
<td>□ 合格
□ 不合格</td>
</tr>
<tr>
<td>2</td>
<td>专业
技术
能力</td>
<td>□ 1. 能正确确认故障现象
□ 2. 能规范进行喷油器工作情况检查
□ 3. 能正确测量喷油器工作电压
□ 4. 能正确测量喷油器电磁线圈电阻
□ 5. 能正确检测喷油器喷油量、喷油质量
□ 6. 能正确进行喷油器清洗</td>
<td>50</td>
<td>未完成1项
扣6分，扣分
不得超过50分</td>
<td>□ 熟练
□ 不熟练</td>
<td>□ 熟练
□ 不熟练</td>
<td>□ 合格
□ 不合格</td>
</tr>
<tr>
<td>3</td>
<td>工具及
设备的
使用
能力</td>
<td>□ 1. 能正确使用喷油器检测仪
□ 2. 能正确使用万用表
□ 3. 能正确使用扳手等常用工具</td>
<td>10</td>
<td>未完成1项
扣3分，扣分
不得超过10分</td>
<td>□ 熟练
□ 不熟练</td>
<td>□ 熟练
□ 不熟练</td>
<td>□ 合格
□ 不合格</td>
</tr>
<tr>
<td>4</td>
<td>资料、
信息
查询
能力</td>
<td>□ 1. 能正确查询喷油器标准参数
□ 2. 能正确使用维修手册查询资料
□ 3. 能正确记录查询资料章节及页码
□ 4. 能正确记录所需维修信息</td>
<td>10</td>
<td>未完成1项
扣3分，扣分
不得超过10分</td>
<td>□ 熟练
□ 不熟练</td>
<td>□ 熟练
□ 不熟练</td>
<td>□ 合格
□ 不合格</td>
</tr>
<tr>
<td>5</td>
<td>数据
判断和
分析
能力</td>
<td>□ 1. 能判断喷油器工作声音是否正常
□ 2. 能判断喷油器工作电压是否正常
□ 3. 能判断喷油器电磁线圈电阻是否正常
□ 4. 能判断喷油器喷油量和喷油质量是否
正常</td>
<td>10</td>
<td>未完成1项
扣3分，扣分
不得超过10分</td>
<td>□ 熟练
□ 不熟练</td>
<td>□ 熟练
□ 不熟练</td>
<td>□ 合格
□ 不合格</td>
</tr>
<tr>
<td>6</td>
<td>表单
填写
报告的
撰写
能力</td>
<td>□ 1. 字迹清晰
□ 2. 语句通顺
□ 3. 无错别字
□ 4. 无涂改
□ 5. 无抄袭</td>
<td>5</td>
<td>未完成1项
扣1分，扣分
不得超过5分</td>
<td>□ 熟练
□ 不熟练</td>
<td>□ 熟练
□ 不熟练</td>
<td>□ 合格
□ 不合格</td>
</tr>
<tr><td colspan="8" align="center">总　分：</td></tr>
</table>

4-1 氧传感器的检测

指导教师：　　　　　　　　　　参考学时：

实训目标：

1. 使学生能正确使用万用表、故障诊断仪以及示波器等仪器。

2. 查阅电路图册，熟悉氧传感器的工作电路。

3. 能依据维修手册，对氧传感器进行故障诊断与排除。

一、接受工作任务　　　　　　成绩：

企业工作任务：

　　一辆大众速腾轿车的车主反映该车发动机加速无力，动力不足，油耗增高。本故障为典型的氧传感器故障，应如何进行故障诊断？排除本故障需要哪些知识？对本故障进行诊断时应进行哪些检查？

二、信息收集　　　　　　　　成绩：

　　1. 汽车发动机电子控制系统采用的氧传感器根据内部敏感材料不同分为氧化锆式和氧化钛式两种。氧化锆式氧传感器又分为加热式和非加热式两种，氧化钛式氧传感器大多为加热式氧传感器。

　　2. 非加热式氧传感器的工作电路如下：

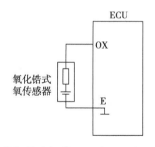

非加热式氧传感器的工作电路

　　3. 氧化锆式氧传感器组成结构与工作原理。氧化锆式氧传感器主要由锆管、电极、电极引线、金属保护套（管）、加热元件（仅指加热式）、线束插接器等组成。

　　4. 氧化锆式氧传感器的输出电压特性。气缸内可燃混合气浓时，排气中氧的含量低，一氧化碳的含量相对较高，而且在锆管外电极铂膜的催化作用下，排气中的氧几乎全部参与反应，生成了二氧化碳，使锆管外表面上氧浓度几乎为 0，而锆管的内表面与大气相通，氧浓度很大，锆管内、外两侧氧浓度差很大，因此在内、外电极之间产生了较强的电压信号（0.8~1.0 V）；当气缸内可燃混合气稀时，排气中氧的含量较高，一氧化碳的含量相对较低，即使一氧化碳全部与氧反应，锆管外表面还会有多余的氧存在，锆管内、外两侧氧浓度差小，因此在内、外电极之间只产生较弱的电压信号（约为 0.1 V）。

5. 氧化钛式氧传感器。氧化钛式氧传感器的材料是二氧化钛（TiO_2）。二氧化钛在常温下的阻值是稳定的，但当其表面缺氧时，其内部晶格会出现缺陷，阻值会大大降低。氧化钛式氧传感器就是利用二氧化钛的这种性能制成的。

6. 氧化钛式氧传感器的工作电路。ECU 将一个恒定的电压加在氧化钛式氧传感器上。当发动机排气中氧含量的变化引起二氧化钛阻值变化时，ECU 将从氧传感器端子 OX 接收到变化的电压信号。可燃混合气浓时，排气中氧的含量低，二氧化钛阻值小，氧传感器负极向ECU 输入一个高电压信号；反之，可燃混合气稀时，排气中氧的含量高，二氧化钛阻值大，氧传感器负极向 ECU 输入一个低电压信号。氧传感器的信号电压在空燃比为 14.7 附近时发生突变。

7. 氧传感器的常见故障包括氧传感器老化、氧传感器中毒、氧传感器破裂、氧传感器内部加热元件损坏、导线断开、氧传感器信号不正确等。其中，氧传感器老化和中毒是氧传感器失效的主要原因。氧传感器的传感元件受到污染而失效的现象称为氧传感器中毒。氧传感器中毒主要是指铅（Pb）中毒、硅（Si）中毒和磷（P）中毒。

速腾轿车氧传感器如下：

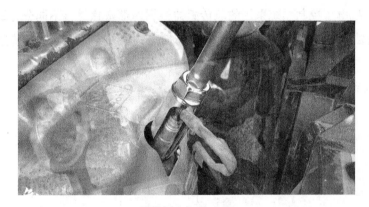

速腾轿车氧传感器

三、制订计划　　　　　　　　　　　　成绩：

1. 根据汽车故障检查规范及要求，制订氧传感器检修认知实训计划。

作业流程		
序号	作业项目	操作要点
1	维修作业前检查及车辆防护	作业前准备及车辆防护
2	检查蓄电池电压	注意静态检测和动态检测
3	读取故障码	注意挡位及连接

作业流程		
序号	作业项目	操作要点
4	氧传感器加热器电阻的检测	拆下氧传感器线束接头测电阻
5	氧传感器电压的检测	最好使用指针式电压表
6	氧传感器的拆卸检查	重点检查是否损坏
7	故障验证	试车验证
计划审核	审核意见： 签字： 年　月　日	

2. 请根据维修作业计划，完成小组成员任务分工。

操作人		记录员	
监护人		展示员	
作业注意事项			
（1）严格按照标准完成维修作业前准备工作，注意安全防护及车辆整洁维护。 （2）故障诊断排查坚持"安全第一"原则，严禁私自拉接线束、短路连接等违规操作。 （3）严格按照实训步骤进行实训任务，严禁使用尖锐工具暴力拆卸接插件、针脚等。 （4）爱护诊断、测量工具及设备，轻拿轻放，严禁磕碰及违规使用。			
检测设备、工具、材料			
序号	名称	数量	清点
1	实训用车速腾轿车	1辆	□已清点
2	世达工具箱	1箱	□已清点
3	防护用具	1套	□已清点
4	白手套	2双	□已清点
5	数字万用表	1个	□已清点
6	举升机	1个	□已清点
7	故障诊断仪	1个	□已清点
8	隔离柱	4个	□已清点
9	警戒线	1卷	□已清点
10	警示标识牌	1套	□已清点
11	翼子板防护垫	1套	□已清点

四、计划实施　　　　　　　成绩：

1. 请进行维修作业前检查及车辆防护，并记录信息。

（1）维修作业前现场环境检查。

环境检查

作业内容：检查车辆稳定状态，设立隔离柱，布置警戒线，张贴警示牌。
作业结果：_____。

（2）维修作业前防护用具检查。

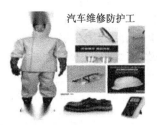

防护用具检查

作业内容：绝缘手套、绝缘鞋、护目镜、安全帽外观及性能检查。
作业结果：_____。

（3）维修作业前仪表工具检查。

仪表工具检查

作业内容：数字万用表、工具箱、工装外观及性能检查。
作业结果：_____。

（4）维修作业前实施车辆防护。

车辆防护

作业内容：铺设翼子板防护垫、汽车维修三件套、脚垫。

作业结果：_____。

2. 检查蓄电池，并记录数据。

检查蓄电池

测量蓄电池电压：

蓄电池正极连接：□ 正常　□ 异常

蓄电池负极连接：□ 正常　□ 异常

作业结果：□ 无故障　经检蓄电池电压正常、正负极连接处良好。

　　　　　□ 有故障　经检查，_____存在_____

　　　　　现象，需维修恢复。

3. 检查氧传感器加热器电阻，并记录数据。

检查氧传感器加热器电阻

外观：□ 正常　□ 破损　□ 脏污

线束连接：□ 正常　□ 异常

电阻值：□ 正常　□ 异常

作业结果：□ 无故障　经检查，氧传感器良好，无故障现象。

　　　　　□ 有故障　经检查，_____存在_____

　　　　　现象，需更换恢复。

4. 检查氧传感器电压，并记录数据。

检查氧传感器电压

前氧传感器在此

外观：□ 正常　□ 破损　□ 脏污

线束连接：□ 正常　□ 异常

电压检测：□ 正常　□ 异常

作业结果：□ 无故障　经检查，氧传感器良好，无故障现象。

　　　　　□ 有故障　经检查，_____存在_____

　　　　　现象，需更换恢复。

5. 氧传感器拆卸检查，并记录数据。

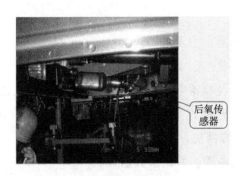

氧传感器拆卸检查

后氧传感器

外观：□ 正常　□ 破损　□ 脏污

线束拆卸：□ 正常　□ 异常

套筒使用：□ 正常　□ 异常

作业结果：□ 无故障　经检查，氧传感器拆卸工作正常，无故障现象。

　　　　　□ 有故障　经检查，_____存在_____

现象，需维修恢复。

6. 完成车辆启动及车辆驾驶操作，以验证故障现象是否解除。

（1）记录整车上电仪表信息数据。

整车上电仪表信息数据

点火钥匙位置：□ Start　□ On　□ Acc　□ Lock

READY 指示灯：□ 熄灭□ 点亮　行驶里程：＿＿＿＿＿＿＿＿＿＿ km

挡位情况：□ R　□ N　□ D　□ P　蓄电池电压值：＿＿＿＿＿＿＿＿＿ V

仪表显示：＿＿＿＿＿＿＿＿＿＿＿＿　提示语：＿＿＿＿＿＿＿＿＿＿

故障灯：＿＿＿＿＿＿＿＿＿＿＿＿＿＿＿＿＿＿＿＿＿＿＿＿＿＿＿＿＿

故障现象：＿＿＿＿＿＿＿＿＿＿＿＿＿＿＿＿＿＿＿＿＿＿＿＿＿＿＿＿

（2）记录行驶模式下的仪表信息数据。

行驶模式下的仪表信息数据

挡位情况：□ R　□ N　□ D　□ P

车辆能否正常启动：□ 能　□ 不能

仪表显示：＿＿＿＿＿＿＿＿＿＿＿＿　提示语：＿＿＿＿＿＿＿＿＿＿

故障灯：_____

故障现象：_____

（3）故障验证结论。

结论：_____

五、质量检查　　　　　　　　　成绩：

请实训指导教师检查本组作业结果，并针对实训过程中出现的问题提出改进措施及建议。

序号	评价标准	评价结果
1	检修前场地及设备准备的完善性	
2	正确采集故障现象及进行故障分析	
3	系统故障排查步骤的完整性	
4	维修完毕，车辆可正常行驶	
5	维修完毕，恢复场地	
综合评价	☆ ☆ ☆ ☆ ☆	
综合评语		

六、评价反馈　　　　　　　　　成绩：

请根据自己在实训中的实际表现进行自我反思和自我评价。

自我反思：_____

_____

_____。

自我评价：_____

_____

_____。

氧传感器的检测

实训日期：

姓名：		班级：		学号：		教师签名：
自评：□ 熟练　□ 不熟练		互评：□ 熟练　□ 不熟练		师评：□ 合格　□ 不合格		
日期：		日期：		日期：		

氧传感器的检测【评分细则】

序号	评分项	得分条件	分值	评分要求	自评	互评	师评
1	安全/7S/态度	□ 1. 能进行工位 7S 操作 □ 2. 能进行设备和工具安全检查 □ 3. 能进行车辆安全防护操作 □ 4. 能进行工具清洁、校准、存放操作 □ 5. 能进行"三不落地"操作	15	未完成 1 项扣 3 分，扣分不得超过 15 分	□ 熟练 □ 不熟练	□ 熟练 □ 不熟练	□ 合格 □ 不合格
2	专业技术能力	□ 1. 能正确确认故障现象 □ 2. 能正确测量传感器两端子间的电阻 □ 3. 能正确检测传感器两端子间的电压 □ 4. 能正确消除氧传感器表面的积碳 □ 5. 能正确拆下氧传感器的线束插接器 □ 6. 能规范修复氧传感器故障部位 □ 7. 能规范验证氧传感器功能	50	未完成 1 项扣 6 分，扣分不得超过 50 分	□ 熟练 □ 不熟练	□ 熟练 □ 不熟练	□ 合格 □ 不合格
3	工具及设备的使用能力	□ 1. 能正确使用故障诊断仪 □ 2. 能正确使用万用表 □ 3. 能正确使用内饰拆卸板	10	未完成 1 项扣 3 分，扣分不得超过 10 分	□ 熟练 □ 不熟练	□ 熟练 □ 不熟练	□ 合格 □ 不合格
4	资料、信息查询能力	□ 1. 能正确查询氧传感器端子含义 □ 2. 能正确使用维修手册查询资料 □ 3. 能正确记录查询资料章节及页码 □ 4. 能正确记录所需维修信息	10	未完成 1 项扣 3 分，扣分不得超过 10 分	□ 熟练 □ 不熟练	□ 熟练 □ 不熟练	□ 合格 □ 不合格
5	数据判断和分析能力	□ 1. 能判断蓄电池电压是否正常 □ 2. 能判断混合气浓度是否正常 □ 3. 能判断通电氧传感器温度是否正常	10	未完成 1 项扣 3 分，扣分不得超过 10 分	□ 熟练 □ 不熟练	□ 熟练 □ 不熟练	□ 合格 □ 不合格
6	表单填写报告的撰写能力	□ 1. 字迹清晰 □ 2. 语句通顺 □ 3. 无错别字 □ 4. 无涂改 □ 5. 无抄袭	5	未完成 1 项扣 1 分，扣分不得超过 5 分	□ 熟练 □ 不熟练	□ 熟练 □ 不熟练	□ 合格 □ 不合格
总　分：							

4-2　燃油蒸发控制系统

指导教师：　　　　　　　　　　　**参考学时：**

实训目标：

1. 正确读取标定信息，确定燃油蒸气流量查阅电路图册。

2. 掌握燃油蒸发控制系统电路结构。

3. 能依据维修手册，对燃油蒸发控制系统进行故障诊断与排除。

一、接受工作任务　　　　　　　**成绩：**

企业工作任务：

一辆速腾轿车的车主反映该车发动机在热车行驶过程中容易熄火，熄火后不易启动。本故障为典型的燃油蒸气排放控制系统故障，应如何进行故障诊断？排除本故障需要哪些知识？对本故障进行诊断时应进行哪些检查？

二、信息收集　　　　　　　　　**成绩：**

1. 认识汽油发动机的排放。汽油是多种碳氢化合物的混合物，汽油经过燃烧后，主要排放气体包括氧气、水蒸气、二氧化碳、碳氢化合物、一氧化碳、氮氧化合物。其中，对环境造成污染的气体主要是碳氢化合物（HC）、一氧化碳（CO）和氮氧化合物（NO_x）。

速腾轿车电控发动机排放控制系统的主要部件在汽车上的分布如下：

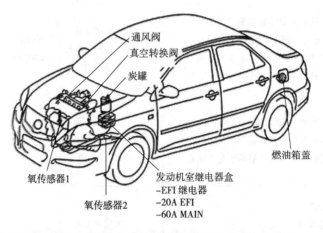

电控发动机排放控制系统的主要部件在汽车上的分布

2. EVAP 的工作原理。活性炭罐与燃油箱之间设有排气管和单向阀，燃油箱内的汽油蒸气超过一定压力时，顶开单向阀经排气管进入活性炭罐，活性炭罐内的活性炭将燃油蒸气吸附在炭罐内。发动机工作时，活性炭罐内的汽油蒸气经定量排放孔、吸气管被吸入进气管。

活性炭罐的上端设有一个真空控制阀，真空控制阀为一膜片阀，膜片上方为真空室，控制阀用来控制定量排放孔的开闭。

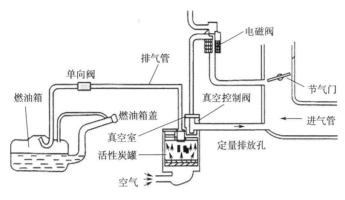

EVAP 的工作原理

3. EGR 控制系统的功能。废气再循环（EGR）控制系统是将 5%～15% 的废气引入进气歧管，返回气缸吸收燃烧热量，以减少高温燃烧时 NO_x 生成量的系统。

4. EGR 控制系统的组成及工作原理。废气再循环控制系统一般由废气再循环阀（又称 EGR 阀）、废气调整阀、三通电磁阀、EGR 位置传感器、电控单元及相应管道等组成。废气再循环阀用来控制再循环的废气量，废气再循环阀真空膜片室内的真空度越大，阀的开度就越大，再循环的废气量也越大。

三、制订计划   成绩：

1. 根据汽车系统检查规范及要求，制订认知实训计划。

作业流程		
序号	作业项目	操作要点
1	维修作业前检查及车辆防护	作业前准备及车辆防护
2	检查各连接管路，必要时更换连接软管	注意是否破损、漏气、堵塞或连接松动
3	读取故障码	注意挡位及连接
4	检查系统电路连接	是否松动、接线端是否腐蚀、绝缘部分是否磨损
5	检查活性炭罐壳体	有无裂纹、底部进气滤芯是否脏污，必要时更换活性炭罐或滤芯
6	故障验证	试车验证
计划审核	审核意见： 签字： 　年　月　日	

2. 请根据维修作业计划，完成小组成员任务分工。

操作人		记录员	
监护人		展示员	
作业注意事项			

（1）严格按照标准完成维修作业前准备工作，注意高压安全防护及车辆整洁维护。
（2）故障诊断排查坚持"安全第一"原则，严禁私自拉接线束、短路连接等违规操作。
（3）严格按照实训步骤进行实训任务，严禁使用尖锐工具暴力拆卸接插件、针脚等。
（4）爱护诊断、测量工具及设备，轻拿轻放，严禁磕碰及违规使用。

检测设备、工具、材料			
序号	名称	数量	清点
1	实训用车速腾轿车	1辆	□ 已清点
2	世达工具箱	1箱	□ 已清点
3	防护用具	1套	□ 已清点
4	白手套	2双	□ 已清点
5	数字万用表	1个	□ 已清点
6	绝缘测试仪	1个	□ 已清点
7	故障诊断仪	1个	□ 已清点
8	隔离柱	4个	□ 已清点
9	警戒线	1卷	□ 已清点
10	警示标识牌	1套	□ 已清点
11	翼子板防护垫	1套	□ 已清点

四、计划实施　　　　　　　　　成绩：

1. 请进行维修作业前检查及车辆防护，并记录信息。

（1）维修作业前现场环境检查。

环境检查

作业内容：检查绝缘垫，设立隔离柱，布置警戒线，张贴警示牌。

作业结果：＿＿＿＿＿＿＿＿＿＿＿＿＿＿＿＿＿＿＿＿＿＿＿＿＿＿＿。

（2）维修作业前防护用具检查。

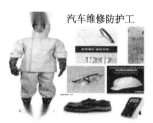

防护用具检查

作业内容：绝缘手套、绝缘鞋、护目镜、安全帽外观及性能检查。

作业结果：＿＿＿＿＿＿＿＿＿＿＿＿＿＿＿＿＿＿＿＿＿＿＿＿＿＿＿。

（3）维修作业前仪表工具检查。

仪表工具检查

作业内容：绝缘万用表、绝缘工具箱、放电工装外观及性能检查。

作业结果：＿＿＿＿＿＿＿＿＿＿＿＿＿＿＿＿＿＿＿＿＿＿＿＿＿＿＿。

（4）维修作业前实施车辆防护。

车辆防护

作业内容：铺设翼子板防护垫、汽车维修三件套、脚垫。

作业结果：＿＿＿＿＿＿＿＿＿＿＿＿＿＿＿＿＿＿＿＿＿＿＿＿＿＿＿。

2. 检查蓄电池，并记录数据。

检查蓄电池

测量蓄电池电压：

蓄电池正极连接：□ 正常　　□ 异常

蓄电池负极连接：□ 正常　　□ 异常

作业结果：□ 无故障　经检查，蓄电池电压正常、正负极连接处良好。

　　　　　□ 有故障　经检查，_____存在_____

　　　　　现象，需维修恢复。

3. 检查活性炭罐滤清器，并记录数据。

检查活性炭罐滤清器

外观：□ 正常　　□ 破损　　□ 脏污

卡箍连接：□ 正常　　□ 异常

卡环及托杆连接：□ 正常　　□ 异常

作业结果：□ 无故障　　经检查，活性炭罐滤清器良好，无故障现象。

　　　　　□ 有故障　经检查，_____存在_____

　　　　　现象，需更换恢复。

4. 检查真空控制阀，并记录数据。

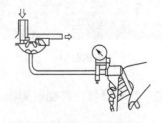

检查真空控制阀

外观：□ 正常　□ 破损　□ 脏污

真空控制阀连接：□ 正常　□ 异常

作业结果：□ 无故障　经检查，真空控制阀良好，无故障现象。

　　　　　□ 有故障　经检查，_____存在_____

　　　　　现象，需更换恢复。

5. 检查电磁阀线束，并记录数据。

检查电磁阀线束

外观：□ 正常　□ 破损　□ 脏污

电磁阀线束连接：□ 正常　□ 异常

对地绝缘：□ 正常　□ 异常

作业结果：□ 无故障　经检查，高压控制盒工作正常，无故障现象。

　　　　　□ 有故障　经检查，_____存在_____

　　　　　现象，需维修恢复。

6. 检查控制电磁阀，并记录数据。

控制阀

EVAP活性炭罐

检查控制电磁阀

外观：□ 正常　□ 退针　□ 破损　□ 脏污

控制电磁阀连接：□ 正常　□ 异常

作业结果：□ 无故障　经检查，控制电磁阀工作正常，无故障现象。

　　　　　□ 有故障　经检查，_____存在_____

　　　　　现象，需维修恢复。

7. 启动车辆并完成车辆驾驶操作，以验证故障现象是否解除。

（1）记录整车上电仪表信息数据。

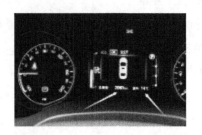

记录整车上电仪表信息数据

点火钥匙位置：□ Start　□ On　□ Acc　□ Lock

READY 指示灯：□ 熄灭□ 点亮　续航里程：_____ km

挡位情况：□ R　□ N　□ D　□ P　动力电池电压值：_____ V

仪表显示：_____　提示语：_____

故障灯：_____

故障现象：_____

（2）记录行驶模式下的仪表信息数据。

记录行驶模式下的仪表信息数据

挡位情况：□ R　□ N　□ D　□ P

车辆能否正常启动：□ 能　□ 不能

仪表显示：_____　提示语：_____

故障灯：_____

故障现象：_____

（3）故障验证结论。

结论：_____

五、质量检查　　　　　　　　　　成绩：

请实训指导教师检查本组作业结果，并针对实训过程中出现的问题提出改进措施及建议。

序号	评价标准	评价结果
1	检修前场地及设备准备的完善性	
2	正确采集故障现象及进行故障分析	
3	系统故障排查步骤的完整性	
4	维修完毕，故障消除，车辆可正常行驶	
5	维修完毕，恢复场地	
综合评价	☆ ☆ ☆ ☆ ☆	
综合评语		

六、评价反馈   成绩：

请根据自己在实训中的实际表现进行自我反思和自我评价。

自我反思： _____

_____

_____。

自我评价： _____

_____

_____。

燃油蒸发控制系统

实训日期：

姓名：		班级：		学号：		
自评：□ 熟练 □ 不熟练		互评：□ 熟练 □ 不熟练		师评：□ 合格 □ 不合格		教师签名：
日期：		日期：		日期：		

燃油蒸发控制系统【评分细则】

序号	评分项	得分条件	分值	评分要求	自评	互评	师评
1	安全/7S/态度	□ 1. 能进行工位 7S 操作 □ 2. 能进行设备和工具安全检查 □ 3. 能进行车辆安全防护操作 □ 4. 能进行工具清洁、校准、存放操作 □ 5. 能进行"三不落地"操作	15	未完成 1 项扣 3 分，扣分不得超过 15 分	□ 熟练 □ 不熟练	□ 熟练 □ 不熟练	□ 合格 □ 不合格
2	专业技术能力	□ 1. 能正确确认故障现象 □ 2. 能规范拆卸 EGR 阀 □ 3. 能正确测量蓄电池电压 □ 4. 能正确检测炭罐电磁阀线圈的阻值 □ 5. 能正确更换活性炭罐电磁阀 □ 6. 能确认电子变速杆故障部位 □ 7. 能规范修复故障部位 □ 8. 能规范验证车辆功能	50	未完成 1 项扣 6 分，扣分不得超过 50 分	□ 熟练 □ 不熟练	□ 熟练 □ 不熟练	□ 合格 □ 不合格
3	工具及设备的使用能力	□ 1. 能正确使用故障诊断仪 □ 2. 能正确使用万用表 □ 3. 能正确使用内饰拆卸板	10	未完成 1 项扣 3 分，扣分不得超过 10 分	□ 熟练 □ 不熟练	□ 熟练 □ 不熟练	□ 合格 □ 不合格
4	资料、信息查询能力	□ 1. 能正确查询电路符号含义 □ 2. 能正确使用维修手册查询资料 □ 3. 能正确记录查询资料章节及页码 □ 4. 能正确记录所需维修信息	10	未完成 1 项扣 3 分，扣分不得超过 10 分	□ 熟练 □ 不熟练	□ 熟练 □ 不熟练	□ 合格 □ 不合格
5	数据判断和分析能力	□ 1. 能判断蓄电池电压是否正常 □ 2. 能判断仪表显示是否正常 □ 3. 能判断排放气体是否正常 □ 4. 能判断故障排除是否正常	10	未完成 1 项扣 3 分，扣分不得超过 10 分	□ 熟练 □ 不熟练	□ 熟练 □ 不熟练	□ 合格 □ 不合格
6	表单填写报告的撰写能力	□ 1. 字迹清晰 □ 2. 语句通顺 □ 3. 无错别字 □ 4. 无涂改 □ 5. 无抄袭	5	未完成 1 项扣 1 分，扣分不得超过 5 分	□ 熟练 □ 不熟练	□ 熟练 □ 不熟练	□ 合格 □ 不合格
总　分：							

5-1 点火系统的检测与维修

指导教师：　　　　　　　　　　　　**参考学时：**

实训目标：

1. 使学生能正确使用万用表、故障诊断仪以及示波器等仪器。

2. 查阅电路图册，熟悉点火系统的工作电路。

3. 能依据维修手册，对点火系统的故障进行分析及检修。

一、接受工作任务　　　　　成绩：

企业工作任务：

一辆大众速腾轿车的发动机在高、中、低速时消声器发出有节奏的"突突"声，且怠速稍高和慢加速时现象明显，拉阻风门无好转，观尾气稍有黑烟。本故障为典型的点火系统故障，应如何进行故障诊断？排除本故障需要哪些知识？对本故障进行诊断时应进行哪些检查？

二、信息收集　　　　　成绩：

1. 汽车发动机电控点火系统分为有分电器电控点火系统和无分电器电控点火系统。有分电器电控点火系统由电源、各种传感器、ECU、点火器、点火线圈、分电器、火花塞等组成。

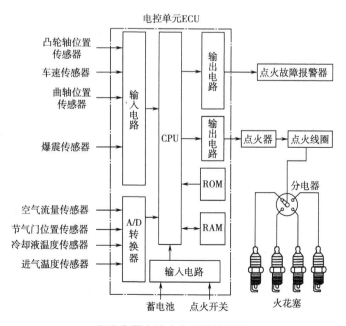

有分电器电控点火系统的结构

2. 配电方式。发动机工作时，ECU 根据各传感器信号确定某缸点火时，向点火器发出指令信号，点火器控制点火线圈内初级电路通电或断电。当点火线圈中的初级电路断电时，次级线圈产生的高压电输送给分电器，分电器按照发动机的点火顺序，依次将高压电输送给各缸火花塞，火花塞跳火，点燃气缸内的混合气。

3. 双缸同时点火控制。双缸同时点火控制方式分为二极管分配高压电方式和点火线圈分配高压电方式两种。

4. 单缸独立点火控制。单缸独立点火控制的特点是每缸有一个点火线圈，即点火线圈的数量与气缸数相同。在发动机转速较高时，点火线圈的通电时间较长，这样点火能量较高，分火性能好；点火线圈不易发热；体积较小，一般压装在火花塞上。但该控制系统的结构和控制电路较复杂。

5. 点火提前角。发动机工作时任何工况都需要一个点火提前角，最佳的点火提前角是保证发动机的动力性、燃油经济性和排放性最佳的前提。当点火提前角过大时，会造成缸内最高压力升高，爆震倾向大。当点火提前角过小时，燃烧最高压力和温度下降，传热损失增多，排气温度升高。所以，为了保证发动机每一工况下点火提前角为最佳，即最高压力出现在上止点后 $10° \sim 15°$ 曲轴转角时进行点火，必须通过电控方式来实现。

6. 通电时间控制的必要性。在点火线圈的初级电路被接通后，其初级电流按指数规律增长，通电时间长短决定初级电流的大小。当初级电流达到饱和时，若初级电路被断开，此时瞬间初级电流达到最大值（即断开电流），会感应次级电压达到最大值。次级电压升高，会使火花塞点火能力增强，所以在发动机工作时，必须保证点火线圈的初级电路有足够的通电时间。但如果通电时间过长，点火线圈又会发热并增大电能消耗。所以，通电时间过长过短，都会给点火系统带来不利影响。为了保证点火线圈的工作性能，必须对初级电路的通电时间进行控制。

速腾轿车点火系统如下图所示：

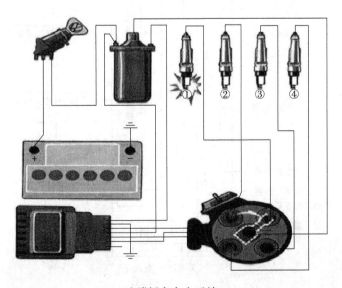

速腾轿车点火系统

三、制订计划　　　　　　　　　　　　成绩：

1. 根据汽车故障检查规范及要求，制订点火系统火花塞检修认知实训计划。

作业流程		
序号	作业项目	操作要点
1	维修作业前检查及车辆防护	作业前准备及车辆防护
2	检查蓄电池电压	注意静态检测和动态检测
3	读取故障码	注意挡位及连接
4	火花塞电阻的检测	拆下火花塞线束接头测电阻
5	火花塞电压的检测	最好使用指针式电压表
6	火花塞的拆卸检查	重点检查是否损坏
7	故障验证	试车验证
计划审核	审核意见： 　　　　　　　　　　　　　　　　　签字： 　　　　　　　　　　　　　　　　年　　月　　日	

2. 请根据维修作业计划，完成小组成员任务分工。

操作人		记录员	
监护人		展示员	
作业注意事项			
(1) 严格按照标准完成维修作业前准备工作，注意安全防护及车辆整洁维护。 (2) 故障诊断排查坚持"安全第一"原则，严禁私自拉接线束、短路连接等违规操作。 (3) 严格按照实训步骤进行实训任务，严禁使用尖锐工具暴力拆卸接插件、针脚等。 (4) 爱护诊断、测量工具及设备，轻拿轻放，严禁磕碰及违规使用。			
检测设备、工具、材料			
序号	名称	数量	清点
1	实训用车速腾轿车	1辆	□ 已清点
2	世达工具箱	1箱	□ 已清点
3	防护用具	1套	□ 已清点
4	白手套	2双	□ 已清点
5	数字万用表	1个	□ 已清点
6	举升机	1个	□ 已清点
7	故障诊断仪	1个	□ 已清点
8	隔离柱	4个	□ 已清点
9	警戒线	1卷	□ 已清点
10	警示标识牌	1套	□ 已清点
11	翼子板防护垫	1套	□ 已清点

四、计划实施   成绩：

1. 请进行维修作业前检查及车辆防护，并记录信息。

（1）维修作业前现场环境检查。

环境检查

作业内容：检查车辆稳定状态，设立隔离柱，布置警戒线，张贴警示牌。

作业结果：_____。

（2）维修作业前防护用具检查。

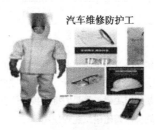

防护用具检查

作业内容：绝缘手套、绝缘鞋、护目镜、安全帽外观及性能检查。

作业结果：_____。

（3）维修作业前仪表工具检查。

仪表工具检查

作业内容：数字万用表、工具箱、工装外观及性能检查。

作业结果：_____。

（4）维修作业前实施车辆防护。

车辆防护

作业内容：铺设翼子板防护垫、汽车维修三件套、脚垫。

作业结果：_____。

2. 检查蓄电池，并记录数据。

检查蓄电池

测量蓄电池电压：

蓄电池正极连接：□ 正常　□ 异常

蓄电池负极连接：□ 正常　□ 异常

作业结果：□ 无故障　经检查，蓄电池电压正常、正负极连接处良好。

　　　　　□ 有故障　经检查，_____存在_____

　　　　　现象，需维修恢复。

3. 检查火花塞电阻，并记录数据。

外观：□ 正常　□ 破损　□ 脏污

线束连接：□ 正常　□ 异常

电阻值：□ 正常　□ 异常

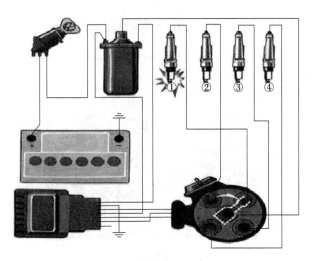

检查火花塞电阻

作业结果：□ 无故障　经检查，火花塞良好，无故障现象。

　　　　　□ 有故障　经检查，_____存在_____

　　　　　现象，需更换恢复。

4. 检查火花塞电压，并记录数据。

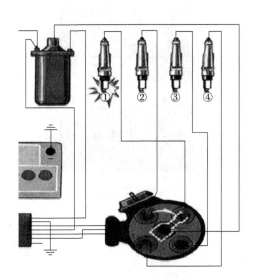

检查火花塞电压

外观：□ 正常　□ 破损　□ 脏污

线束连接：□ 正常　□ 异常

电压检测：□ 正常　□ 异常

作业结果：□ 无故障　经检查，检查火花塞良好，无故障现象。

　　　　　□ 有故障　经检查，_____存在_____

　　　　　现象，需更换恢复。

5. 火花塞拆卸检查，并记录数据。

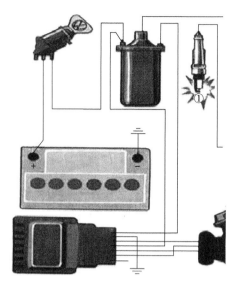

火花塞拆卸检查

外观：□ 正常　□ 破损　□ 脏污

线束拆卸：□ 正常　□ 异常

套筒使用：□ 正常　□ 异常

作业结果：□ 无故障　经检查，火花塞拆卸工作正常，无故障现象。

　　　　　□ 有故障　经检查，_____存在_____

　　　　　现象，需维修恢复。

　　　　　□ 无故障　经检查，维修开关工作正常，无故障现象。

　　　　　□ 有故障　经检查，_____存在_____

　　　　　现象，需维修恢复。

6. 完成车辆启动及车辆驾驶操作，以验证故障现象是否解除。

（1）记录整车上电仪表信息数据。

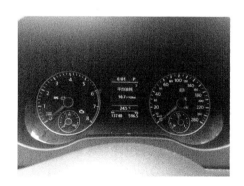

记录整车上电仪表信息数据

点火钥匙位置：□ Start □ On □ Acc □ Lock

READY 指示灯：□ 熄灭 □ 点亮 行驶里程：_____km

挡位情况：□ R □ N □ D □ P 蓄电池电压值：_____V

仪表显示：_____ 提示语：_____

故障灯：_____

故障现象：_____

（2）记录行驶模式下的仪表信息数据。

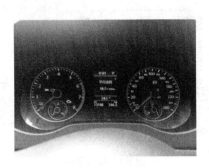

记录行驶模式下的仪表信息数据

挡位情况：□ R □ N □ D □ P

车辆能否正常启动：□ 能 □ 不能

仪表显示：_____ 提示语：_____

故障灯：_____

故障现象：_____

（3）故障验证结论。

结论：_____

五、质量检查   成绩：

请实训指导教师检查本组作业结果，并针对实训过程中出现的问题提出改进措施及建议。

序号	评价标准	评价结果
1	检修前场地及设备准备的完善性	
2	正确采集故障现象及进行故障分析	
3	系统故障排查步骤的完整性	
4	维修完毕，故障消除，车辆可正常行驶	
5	维修完毕，恢复场地	
综合评价	☆ ☆ ☆ ☆ ☆	
综合评语		

六、评价反馈 成绩:

请根据自己在实训中的实际表现进行自我反思和自我评价。

自我反思: _____

_____

_____ 。

自我评价: _____

_____

_____ 。

点火系统的检测与维修

实训日期：

姓名：	班级：	学号：	教师签名：
自评：□ 熟练　□ 不熟练	互评：□ 熟练　□ 不熟练	师评：□ 合格　□ 不合格	
日期：	日期：	日期：	

		点火系统的检测与维修【评分细则】					
序号	评分项	得分条件	分值	评分要求	自评	互评	师评
1	安全/7S/态度	□ 1. 能进行工位 7S 操作 □ 2. 能进行设备和工具安全检查 □ 3. 能进行车辆安全防护操作 □ 4. 能进行工具清洁、校准、存放操作 □ 5. 能进行"三不落地"操作	15	未完成 1 项扣 3 分，扣分不得超过 15 分	□ 熟练 □ 不熟练	□ 熟练 □ 不熟练	□ 合格 □ 不合格
2	专业技术能力	□ 1. 能正确认故障现象 □ 2. 能规范进行电控点火系统就车检查 □ 3. 能正确拆装和检测电控点火系统 □ 4. 能正确检查电控点火系统工作状态 □ 5. 能正确检查电控点火系统点火 □ 6. 能正确维护电控点火系统火花塞	50	未完成 1 项扣 6 分，扣分不得超过 50 分	□ 熟练 □ 不熟练	□ 熟练 □ 不熟练	□ 合格 □ 不合格
3	工具及设备的使用能力	□ 1. 能正确使用故障诊断仪 □ 2. 能正确使用万用表 □ 3. 能正确使用扳手等常用工具	10	未完成 1 项扣 3 分，扣分不得超过 10 分	□ 熟练 □ 不熟练	□ 熟练 □ 不熟练	□ 合格 □ 不合格
4	资料、信息查询能力	□ 1. 能正确查询线束插接器端子含义 □ 2. 能正确使用维修手册查询资料 □ 3. 能正确记录查询资料章节及页码 □ 4. 能正确记录所需维修信息	10	未完成 1 项扣 3 分，扣分不得超过 10 分	□ 熟练 □ 不熟练	□ 熟练 □ 不熟练	□ 合格 □ 不合格
5	数据判断和分析能力	□ 1. 能判断电控点火系统工作声音是否正常 □ 2. 能判断电控点火系统两端子间的电阻值是否正常 □ 3. 能判断电控点火系统是否正常	10	未完成 1 项扣 3 分，扣分不得超过 10 分	□ 熟练 □ 不熟练	□ 熟练 □ 不熟练	□ 合格 □ 不合格
6	表单填写报告的撰写能力	□ 1. 字迹清晰 □ 2. 语句通顺 □ 3. 无错别字 □ 4. 无涂改 □ 5. 无抄袭	5	未完成 1 项扣 1 分，扣分不得超过 5 分	□ 熟练 □ 不熟练	□ 熟练 □ 不熟练	□ 合格 □ 不合格
		总　分：					

5-2　曲轴位置传感器的检测与维修

指导教师：　　　　　　　　　　　　　参考学时：

实训目标：

1. 能正确读取标定信息，能识别、更换爆震系统的零部件。

2. 掌握爆震系统的检查方法。

3. 能依据维修手册，对曲轴位置传感器进行检测与维修。

一、接受工作任务　　　　　　　成绩：

企业工作任务：

一辆大众速腾轿车的发动机在高、中、低速时消声器发出有节奏的"突突"声，且怠速稍高和慢加速时现象明显，拉阻风门无好转，观尾气稍有黑烟。本故障为典型的曲轴位置传感器故障，应如何进行故障诊断？排除本故障需要哪些知识？对本故障进行诊断时应进行哪些检查项目？

二、信息收集　　　　　　　成绩：

1. 发动机工作过程中，燃料燃烧的火焰在传播的过程中会使未燃混合气进一步受到压缩和热辐射的作用。如果在火焰前锋尚未到达之前末端混合气已经自燃，则这部分混合气燃烧速度极快，火焰速度可达每秒百米甚至数百米以上，使燃烧室内的局部压力、温度很高，并伴随有冲击波。压力冲击波反复撞击缸壁，发出尖锐的敲缸声，这种现象称为爆震燃烧。爆震燃烧是一种不正常燃烧，轻微时，可使发动机功率上升，油耗下降；严重时，气缸内发出特别尖锐的金属敲击声，且会导致冷却液过热，功率下降，耗油率上升。所以，应对爆震燃烧加以控制。

2. 速腾轿车电控发动机曲轴位置传感器的分布如下：

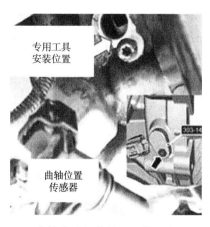

电控发动机曲轴位置传感器

3. 爆震控制过程。在电控点火系统中，爆震传感器把气缸体上的振动转换成电压信号输送给 ECU，ECU 经过分析，判定有无发生爆震及爆震的强度，并根据判定结果对点火提前角进行反馈控制，可以使发动机处于爆震的边缘工作，既能防止爆震发生，又能有效地提高发动机的动力性和经济性。爆震控制实际是点火提前角控制中的追加功能，控制过程如下：

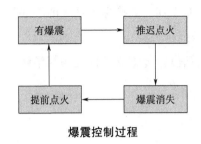

爆震控制过程

4. 爆震控制系统的组成。爆震控制系统主要由爆震传感器、点火控制器、火花塞和 ECU 等组成。ECU 根据爆震传感器的信号对点火提前角实行反馈控制。

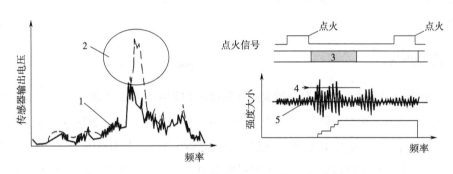

爆震传感器反馈控制

5. 爆震传感器安装在气缸体上，检测发动机不同频率范围内的机械振动，发生爆震时，爆震传感器向 ECU 输送的信号先经过滤波电路进行过滤，只允许特定频率范围的爆震信号通过滤波电路。再将滤波后的信号峰值电压与爆震强度基准值进行比较，若其值大于爆震强度基准值，控制系统可由此判定有爆震，并以某一固定值逐渐减小点火提前角。若滤波后的信号峰值电压低于爆震强度基准值，控制系统则由此判定无爆震，并以某一固定值逐渐增大点火提前角。同时，ECU 根据爆震信号超过基准值的次数来判定爆震强度，其次数越多，爆震强度越大；次数越少，则爆震强度越小。

三、制订计划　　　　　　　　　　成绩：

1. 根据汽车系统检查规范及要求，制订认知实训计划。

作业流程		
序号	作业项目	操作要点
1	维修作业前检查及车辆防护	作业前准备及车辆防护
2	检查各连接线路，必要时更换连接线路	注意是否破损、污损、插接或连接松动
3	读取故障码	注意挡位及连接
4	检查系统电路连接	是否松动，接线端是否腐蚀，绝缘部分是否磨损
5	检查发动机各部件	是否有异响，点火器、点火线圈温度是否正常
6	故障验证	试车验证
计划审核	审核意见： 签字： 年　月　日	

2. 请根据维修作业计划，完成小组成员任务分工。

操作人		记录员	
监护人		展示员	
作业注意事项			
（1）严格按照标准完成维修作业前准备工作，注意高压安全防护及车辆整洁维护。 （2）故障诊断排查坚持"安全第一"原则，严禁私自拉接线束、短路连接等违规操作。 （3）严格按照实训步骤进行实训任务，严禁使用尖锐工具暴力拆卸接插件、针脚等。 （4）爱护诊断、测量工具及设备，轻拿轻放，严禁磕碰及违规使用。			
检测设备、工具、材料			
序号	名称	数量	清点
1	实训用车速腾轿车	1辆	□已清点
2	世达工具箱	1箱	□已清点
3	防护用具	1套	□已清点
4	白手套	2双	□已清点
5	数字万用表	1个	□已清点
6	绝缘测试仪	1个	□已清点
7	故障诊断仪	1个	□已清点
8	隔离柱	4个	□已清点
9	警戒线	1卷	□已清点
10	警示标识牌	1套	□已清点
11	翼子板防护垫	1套	□已清点

四、计划实施　　　　　　　　　　　成绩：

1. 请进行维修作业前检查及车辆防护，并记录信息。

（1）维修作业前现场环境检查。

环境检查

作业内容：检查绝缘垫，设立隔离柱，布置警戒线，张贴警示牌。

作业结果：＿＿＿＿＿＿＿＿＿＿＿＿＿＿＿＿＿＿＿＿＿＿＿＿＿。

（2）维修作业前防护用具检查。

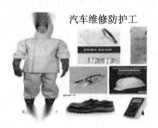

防护用具检查

作业内容：绝缘手套、绝缘鞋、护目镜、安全帽外观及性能检查。

作业结果：＿＿＿＿＿＿＿＿＿＿＿＿＿＿＿＿＿＿＿＿＿＿＿＿＿。

（3）维修作业前仪表工具检查。

仪表工具检查

作业内容：绝缘万用表、绝缘工具箱、放电工装外观及性能检查。

作业结果：_____。

（4）维修作业前实施车辆防护。

车辆防护

作业内容：铺设翼子板防护垫、汽车维修三件套、脚垫。

作业结果：_____。

2. 检查蓄电池，并记录数据。

检查蓄电池

测量蓄电池电压：

蓄电池正极连接：□ 正常　□ 异常

蓄电池负极连接：□ 正常　□ 异常

作业结果：□ 无故障　经检查，蓄电池电压正常、正负极连接处良好。

　　　　　□ 有故障　经检查，_____存在_____

　　　　　现象，需维修恢复。

3. 检查爆震传感器电阻，并记录数据。

检查爆震传感器电阻

外观：□ 正常　□ 破损　□ 脏污

线路连接：□ 正常　□ 异常

电阻：□ 正常　□ 异常

作业结果：□ 无故障　经检查，爆震传感器电阻良好，无故障现象。

　　　　　□ 有故障　经检查，_____ 存在_____

　　　　　现象，需更换恢复。

4. 检查爆震传感器电压，并记录数据。

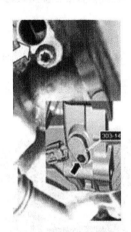

检查爆震传感器电压

外观：□ 正常　□ 破损　□ 脏污

线路连接：□ 正常　□ 异常

电压：□ 正常　□ 异常

作业结果：□ 无故障　经检查，爆震传感器电压良好，无故障现象。

　　　　　□ 有故障　经检查，_____ 存在_____

　　　　　现象，需更换恢复。

5. 爆震传感器拆除，并记录数据。

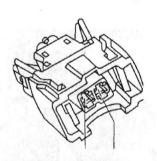

爆震传感器拆除

外观：□ 正常　□ 破损　□ 脏污

线束连接：□ 正常　□ 异常

对地绝缘：□ 正常　□ 异常

作业结果：□ 无故障　经检查，高压控制盒工作正常，无故障现象。

　　　　　　□ 有故障　经检查，_____存在_____

　　　　　现象，需维修恢复。

6. 启动车辆并完成车辆驾驶操作，以验证故障现象是否解除。

（1）记录整车上电仪表信息数据。

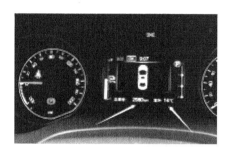

记录整车上电仪表信息数据

点火钥匙位置：□ Start　□ On　□ Acc　□ Lock

READY 指示灯：□ 熄灭 □ 点亮　续航里程：_____ km

挡位情况：□ R　□ N　□ D　□ P　动力电池电压值：_____ V

仪表显示：_____　提示语：_____

故障灯：_____

故障现象：_____

（2）记录行驶模式下的仪表信息数据。

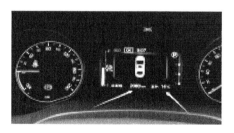

记录行驶模式下的仪表信息数据

挡位情况：□ R　□ N　□ D　□ P

车辆能否正常启动：□ 能　□ 不能

仪表显示：_____　提示语：_____

故障灯：_____

故障现象：_____

（3）故障验证结论。

结论：_____

五、质量检查　　　　　　　　　　成绩：

请实训指导教师检查本组作业结果，并针对实训过程中出现的问题提出改进措施及建议。

序号	评价标准	评价结果
1	检修前场地及设备准备的完善性	
2	正确采集故障现象及进行故障分析	
3	系统故障排查步骤的完整性	
4	维修完毕，故障消除，车辆可正常行驶	
5	维修完毕，恢复场地	
综合评价	☆ ☆ ☆ ☆ ☆	
综合评语		

六、评价反馈　　　　　　　　　　成绩：

请根据自己在实训中的实际表现进行自我反思和自我评价。

自我反思：_____

_____

_____。

自我评价：_____

_____

_____。

曲轴位置传感器的检测与维修

实训日期：

姓名：		班级：		学号：		教师签名：
自评：□ 熟练　□ 不熟练		互评：□ 熟练　□ 不熟练		师评：□ 合格　□ 不合格		
日期：		日期：		日期：		

<table>
<tr><td colspan="9" align="center">曲轴位置传感器的检测与维修【评分细则】</td></tr>
<tr><td>序号</td><td>评分项</td><td>得分条件</td><td>分值</td><td>评分要求</td><td>自评</td><td>互评</td><td>师评</td></tr>
<tr>
<td>1</td>
<td>安全/7S/态度</td>
<td>□ 1. 能进行工位 7S 操作
□ 2. 能进行设备和工具安全检查
□ 3. 能进行车辆安全防护操作
□ 4. 能进行工具清洁、校准、存放操作
□ 5. 能进行"三不落地"操作</td>
<td>15</td>
<td>未完成 1 项扣 3 分，扣分不得超过 15 分</td>
<td>□ 熟练
□ 不熟练</td>
<td>□ 熟练
□ 不熟练</td>
<td>□ 合格
□ 不合格</td>
</tr>
<tr>
<td>2</td>
<td>专业技术能力</td>
<td>□ 1. 能正确确认故障现象
□ 2. 能规范进行爆震传感器就车检查
□ 3. 能正确拆装和检测爆震传感器
□ 4. 能正确检查爆震传感器工作状态
□ 5. 能正确检查爆震传感器
□ 6. 能正确维护爆震传感器</td>
<td>50</td>
<td>未完成 1 项扣 6 分，扣分不得超过 50 分</td>
<td>□ 熟练
□ 不熟练</td>
<td>□ 熟练
□ 不熟练</td>
<td>□ 合格
□ 不合格</td>
</tr>
<tr>
<td>3</td>
<td>工具及设备的使用能力</td>
<td>□ 1. 能正确使用故障诊断仪
□ 2. 能正确使用万用表
□ 3. 能正确使用扳手等常用工具</td>
<td>10</td>
<td>未完成 1 项扣 3 分，扣分不得超过 10 分</td>
<td>□ 熟练
□ 不熟练</td>
<td>□ 熟练
□ 不熟练</td>
<td>□ 合格
□ 不合格</td>
</tr>
<tr>
<td>4</td>
<td>资料、信息查询能力</td>
<td>□ 1. 能正确查询线束插接器端子含义
□ 2. 能正确使用维修手册查询资料
□ 3. 能正确记录查询资料章节及页码
□ 4. 能正确记录所需维修信息</td>
<td>10</td>
<td>未完成 1 项扣 3 分，扣分不得超过 10 分</td>
<td>□ 熟练
□ 不熟练</td>
<td>□ 熟练
□ 不熟练</td>
<td>□ 合格
□ 不合格</td>
</tr>
<tr>
<td>5</td>
<td>数据判断和分析能力</td>
<td>□ 1. 能判断爆震传感器工作声音是否正常
□ 2. 能判断爆震传感器两端子间的电阻值是否正常
□ 3. 能判断爆震传感器是否正常</td>
<td>10</td>
<td>未完成 1 项扣 3 分，扣分不得超过 10 分</td>
<td>□ 熟练
□ 不熟练</td>
<td>□ 熟练
□ 不熟练</td>
<td>□ 合格
□ 不合格</td>
</tr>
<tr>
<td>6</td>
<td>表单填写报告的撰写能力</td>
<td>□ 1. 字迹清晰
□ 2. 语句通顺
□ 3. 无错别字
□ 4. 无涂改
□ 5. 无抄袭</td>
<td>5</td>
<td>未完成 1 项扣 1 分，扣分不得超过 5 分</td>
<td>□ 熟练
□ 不熟练</td>
<td>□ 熟练
□ 不熟练</td>
<td>□ 合格
□ 不合格</td>
</tr>
<tr><td colspan="8" align="center">总　分：</td></tr>
</table>

6-1 发动机不能启动故障诊断

指导教师：　　　　　　　　　　　　参考学时：

实训目标：

1. 能够正确认知电控发动机不能启动的故障现象，分析故障原因。
2. 能进行各相关系统的电阻与工作电压的检测。

一、接受工作任务　　　　　　　成绩：

企业工作任务：

　　一辆大众速腾轿车出现发动机有着火征兆，但不能启动现象。请根据该故障现象分析故障原因，制定故障检修方案流程，完成发动机不能启动故障诊断与排除。

二、信息收集　　　　　　　　　成绩：

（一）发动机不能启动故障原因

（1）燃油箱油量不足。

（2）管路、滤网或燃油滤清器堵塞、渗漏等。

（3）电动燃油泵或油泵继电器故障。

（4）燃油压力调节器故障。

（5）喷油器故障。

（6）空气流量计或进气压力传感器故障。

（7）冷却液温度传感器故障。

（8）节气门、节气门位置传感器故障。

（9）发动机转速、凸轮轴位置传感器故障。

（10）怠速控制装置故障。

（11）电控单元故障。

（12）点火系统故障。

（13）启动系统故障。

（14）其他机械故障。

（二）电控燃油喷射发动机不能启动的诊断程序

电控燃油喷射发动机不能启动的诊断流程如下：

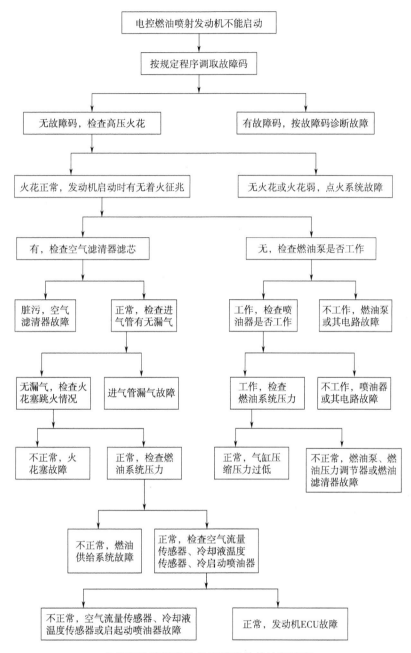

电控燃油喷射发动机不能启动的诊断流程

三、制订计划　　　　　　　成绩：

1. 根据规范及要求，制订发动机不能启动故障诊断排除实训计划。

作业流程		
序号	作业项目	操作要点
1	维修作业前检查及车辆防护	作业前准备及车辆防护
2	车辆信息记录	注意信息准确性
3	记录故障现象	注意故障现象的全面性
4	使用故障诊断仪读取故障码、数据流	注意挡位及连接
5	分析故障原因、故障检测	注意检测点的位置
6	故障确认	试车验证
计划审核	审核意见： 签字： 年　　月　　日	

2. 请根据维修作业计划，完成小组成员任务分工。

操作人		记录员	
监护人		展示员	
作业注意事项			

（1）严格按照标准完成维修作业前准备工作。
（2）故障诊断排查坚持"安全第一"原则，严禁私自拉接线束、短路连接等违规操作。
（3）严格按照实训步骤进行实训任务，严禁使用尖锐工具暴力拆卸接插件、针脚等。
（4）爱护诊断、测量工具及设备，轻拿轻放，严禁磕碰及违规使用。

检测设备、工具、材料			
序号	名称	数量	清点
1	实训用车速腾轿车	1辆	□ 已清点
2	举升机	1台	□ 已清点
3	灭火器	2个	□ 已清点
4	X431型或KT600型汽车解码器	1个	□ 已清点
5	数字万用表	1个	□ 已清点
6	燃油压力表	1个	□ 已清点
7	气缸压力表	1个	□ 已清点
8	火花塞	4个	□ 已清点
9	棉纱	1卷	□ 已清点
10	密封胶圈	4个	□ 已清点
11	专用工具	1套	□ 已清点
12	维修手册	1本	□ 已清点
13	钳子	1个	□ 已清点

四、计划实施　　　　　　　　　成绩：

1. 利用解码器读取故障码。

读取故障码

作业内容：正确分析故障原因，正确使用解码器。

作业结果：＿＿＿＿＿＿＿＿＿＿＿＿＿＿＿＿＿＿＿＿＿＿＿＿＿＿＿。

2. 反复开闭点火开关，在加油口听油泵的工作情况。

检查油泵

作业内容：反复开闭点火开关，在加油口听油泵的工作情况。

作业结果：＿＿＿＿＿＿＿＿＿＿＿＿＿＿＿＿＿＿＿＿＿＿＿＿＿＿＿。

3. 高压试火。

高压试火

作业内容：检查高压试火，观察火花是否正常。

作业结果：＿＿＿＿＿＿＿＿＿＿＿＿＿＿＿＿＿＿＿＿＿＿＿。

4. 检查空气滤清器。

检查空气滤清器

作业内容：检查空气滤清器滤芯。

作业结果：＿＿＿＿＿＿＿＿＿＿＿＿＿＿＿＿＿＿＿＿＿＿＿。

5. 检查进气管路连接情况。

检查进气管路连接情况

作业内容：检查进气管路有无漏气情况。

作业结果：＿＿＿＿＿＿＿＿＿＿＿＿＿＿＿＿＿＿＿＿＿＿＿。

6. 检查火花塞。

间隙测量

检查火花塞

作业内容：检查火花塞跳火现象。

作业结果：_____。

7. 测试油压。

测试油压

作业内容：检查油压，判断燃油泵工作情况。

作业结果：_____。

8. 检查转速传感器连接情况或其信号波形。

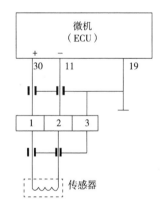

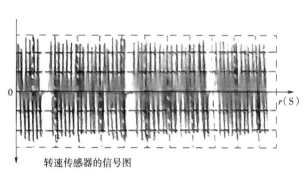

转速传感器的信号图

转速传感器信号波形

作业内容：检查转速传感器连接情况或其信号波形。

作业结果：_____。

五、质量检查　　　　　　　　成绩：

请实训指导教师检查本组作业结果，并针对实训过程中出现的问题提出改进措施及建议。

序号	评价标准	评价结果
1	检修前场地及设备准备的完善性	
2	正确采集故障现象及进行故障分析	
3	维修完毕，故障消除，车辆可正常启动	
4	维修完毕，恢复场地	
综合评价	☆ ☆ ☆ ☆ ☆	
综合评语		

六、评价反馈   成绩：

请根据自己在实训中的实际表现进行自我反思和自我评价。

自我反思：_____

_____

_____。

自我评价：_____

_____

_____。

发动机不能启动故障诊断

实训日期：

姓名：		班级：		学号：		教师签名：
自评：□ 熟练　□ 不熟练		互评：□ 熟练　□ 不熟练		师评：□ 合格　□ 不合格		
日期：		日期：		日期：		

发动机不能启动故障诊断【评分细则】

序号	评分项	得分条件	分值	评分要求	自评	互评	师评
1	安全/7S/态度	□ 1. 能进行工位 7S 操作 □ 2. 能进行设备和工具安全检查 □ 3. 能进行车辆安全防护操作 □ 4. 能进行工具清洁、校准、存放操作 □ 5. 能进行"三不落地"操作	15	未完成 1 项扣 3 分，扣分不得超过 15 分	□ 熟练 □ 不熟练	□ 熟练 □ 不熟练	□ 合格 □ 不合格
2	专业技术能力	□ 1. 能正确认故障现象 □ 2. 能规范进行高压火花的检查 □ 3. 能正确检查空气滤清器工作状态 □ 4. 能正确检查电动燃油泵工作状态 □ 5. 能正确检查进气系统工作状态 □ 6. 能正确检查燃油供给系统工作状态	50	未完成 1 项扣 6 分，扣分不得超过 50 分	□ 熟练 □ 不熟练	□ 熟练 □ 不熟练	□ 合格 □ 不合格
3	工具及设备的使用能力	□ 1. 能正确使用故障诊断仪 □ 2. 能正确使用万用表 □ 3. 能正确使用扳手等常用工具	10	未完成 1 项扣 3 分，扣分不得超过 10 分	□ 熟练 □ 不熟练	□ 熟练 □ 不熟练	□ 合格 □ 不合格
4	资料、信息查询能力	□ 1. 能正确查询线束插接器端子含义 □ 2. 能正确使用维修手册查询资料 □ 3. 能正确记录查询资料章节及页码 □ 4. 能正确记录所需维修信息	10	未完成 1 项扣 3 分，扣分不得超过 10 分	□ 熟练 □ 不熟练	□ 熟练 □ 不熟练	□ 合格 □ 不合格
5	数据判断和分析能力	□ 1. 能判断燃油泵工作声音是否正常 □ 2. 能判断空气滤清器是否正常 □ 3. 能判断进气系统是否正常 □ 4. 能判断火花塞是否正常	10	未完成 1 项扣 3 分，扣分不得超过 10 分	□ 熟练 □ 不熟练	□ 熟练 □ 不熟练	□ 合格 □ 不合格
6	表单填写报告的撰写能力	□ 1. 字迹清晰 □ 2. 语句通顺 □ 3. 无错别字 □ 4. 无涂改 □ 5. 无抄袭	5	未完成 1 项扣 1 分，扣分不得超过 5 分	□ 熟练 □ 不熟练	□ 熟练 □ 不熟练	□ 合格 □ 不合格
总　分：							

6-2　发动机启动困难故障诊断

指导教师：　　　　　　　　　　　　　参考学时：

实训目标：

1. 能够正确认知电控发动机不能启动的故障现象，分析故障原因。
2. 能正确操作举升机、故障诊断仪、万用表等。

一、接受工作任务　　　　　　　　成绩：

企业工作任务：

一辆大众速腾轿车出现以下两种故障现象：一是冷车启动困难（是指启动机能带动发动机转动，但启动困难，甚至不能启动）。二是热车启动困难（是指冷车启动正常，而热车时启动困难，甚至不能启动）。请根据该故障现象分析故障原因，制定故障检修方案流程，完成发动机不能启动故障诊断与排除。

二、信息收集　　　　　　　　　　成绩：

（一）发动机启动困难故障原因

（1）燃油箱油量不足。

（2）管路、滤网或燃油滤清器堵塞、渗漏等。

（3）电动燃油泵或油泵继电器故障。

（4）燃油压力调节器故障。

（5）喷油器故障。

（6）空气流量计或进气压力传感器故障。

（7）冷却液温度传感器故障。

（8）节气门、节气门位置传感器故障。

（9）发动机转速、凸轮轴位置传感器故障。

（10）怠速控制装置故障。

（11）电控单元故障。

（12）点火系统故障。

（13）启动系统故障。

（14）其他机械故障。

（二）故障诊断流程

对于电控发动机不易启动，如果只出现冷车不易启动，就应该先查启动时混合气是否过稀；如果只出现热车启动困难，就应该先查启动时混合气是否过浓。

1. 用汽车解码器读取故障码，按故障码显示查找相应故障原因。

2. 检查空气滤清器有无堵塞。拆下空气滤清器，发动机能够正常启动，说明空气滤清器堵塞，应更换空气滤清器。

3. 检查防盗指示灯是否闪亮。如亮，检查防盗系统。

4. 检查怠速控制装置。如果节气门在 1/4 开度（切记不可将加速踏板踩到底，因为此时发动机处于清除溢流状态而断油）时发动机能正常启动，而节气门全关时不易启动，应检查怠速控制装置是否工作正常。

5. 用真空表检查怠速时进气管的真空度。怠速时若进气管的真空度小于 66.7 kPa，说明进气系统有空气泄漏，应检查进气管各个管接头、连接处、真空管是否连接牢靠，活性炭罐电磁阀、EGR 阀是否泄漏或损坏等。

6. 检查燃油压力。连接燃油压力表，启动发动机燃油压力不得低于 250 kPa，如不正常，则应检查燃油供给系统。

7. 检查冷却液温度传感器和空气流量计。利用解码器读取发动机冷却液温度及空气流量计数据流，如不符合规定，则应检查冷却液温度传感器及空气流量计或其与 ECU 的连接电路。

8. 拆检喷油器，检查喷油器是否脏堵。如有，则应清洗或更换。

9. 检查启动开关至 ECU 的启动信号是否正常。如不正常，应检查线路连接情况。

10. 检查气缸压力。用气缸压力表检测各气缸压力，如压力过小（低于 0.8 MPa），则应拆检发动机。

11. 检查发动机 ECU。若以上检查均正常，可换一个新的 ECU 试试，如正常，则说明发动机 ECU 损坏。

12. 清除故障代码。

电控燃油喷射发动机启动困难的故障诊断流程如下：

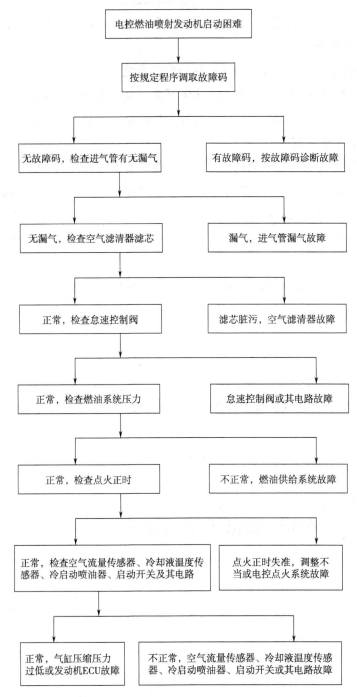

电控燃油喷射发动机启动困难的诊断流程

三、制订计划　　　　　　　　成绩：

1. 根据规范及要求，制订发动机启动困难故障诊断排除实训计划。

作业流程		
序号	作业项目	操作要点
1	维修作业前检查及车辆防护	作业前准备及车辆防护
2	车辆信息记录	注意信息准确性
3	记录故障现象	注意故障现象的全面性
4	使用故障诊断仪读取故障码、数据流	注意挡位及连接
5	分析故障原因、故障检测	注意检测点的位置
6	故障确认	试车验证
计划审核	审核意见： 签字： 年　月　日	

2. 请根据维修作业计划，完成小组成员任务分工。

操作人		记录员	
监护人		展示员	

作业注意事项			
（1）严格按照标准完成维修作业前准备工作。 （2）故障诊断排查坚持"安全第一"原则，严禁私自拉接线束、短路连接等违规操作。 （3）严格按照实训步骤进行实训任务，严禁使用尖锐工具暴力拆卸接插件、针脚等。 （4）爱护诊断、测量工具及设备，轻拿轻放，严禁磕碰及违规使用。			

检测设备、工具、材料			
序号	名称	数量	清点
1	实训用车速腾轿车	1辆	□已清点
2	举升机	1台	□已清点
3	灭火器	2个	□已清点
4	X431型或KT600型汽车解码器	1个	□已清点
5	数字万用表	1个	□已清点
6	燃油压力表、	1个	□已清点
7	气缸压力表	1个	□已清点
8	火花塞	4个	□已清点
9	棉纱	1卷	□已清点
10	密封胶圈	4个	□已清点
11	专用工具	1套	□已清点
12	维修手册	1本	□已清点
13	钳子	1个	□已清点

四、计划实施　　　　　　　　　　成绩：

1. 利用解码器读取故障码。

读取故障码

作业内容：正确分析故障原因，正确使用解码器。

作业结果：_____。

2. 检查进气系统连接情况。

检查进气系统

作业内容：检查进气管路有无漏气情况。

作业结果：_____。

3. 检查空气滤清器。

检查空气滤清器

作业内容：检查空气滤清器滤芯。

作业结果：_____。

4. 检查火花强度。

检查火花强度

作业内容：检查火花强度。

作业结果：_____。

5. 检查怠速控制阀和附加空气阀。

检查怠速控制阀和附加空气阀

作业内容：检查怠速控制阀和附加空气阀。

作业结果：_____。

6. 利用解码器数据流功能读取液温传感器信息。

读取液温传感器信息

作业内容：利用解码器数据流功能读取液温传感器信息。

作业结果：_____。

7. 测试油压。

测试油压

作业内容：检查油压，判断燃油泵工作情况。

作业结果：_____。

8. 进气压力传感器检测。

作业内容：检查进气压力传感器是否正常。

作业结果：_____。

五、质量检查　　　　　　　　　　成绩：

请实训指导教师检查本组作业结果，并针对实训过程中出现的问题提出改进措施及建议。

序号	评价标准	评价结果
1	检修前场地及设备准备的完善性	
2	正确采集故障现象及进行故障分析	
3	维修完毕，故障消除，车辆可正常启动	
4	维修完毕，恢复场地	
综合评价	☆ ☆ ☆ ☆ ☆	
综合评语		

六、评价反馈　　　　　　　　　　成绩：

请根据自己在实训中的实际表现进行自我反思和自我评价。

自我反思：_____

_____

_____ 。

自我评价：_____

_____

_____ 。

发动机启动困难故障诊断

实训日期：

姓名：		班级：		学号：		教师签名：
自评：□ 熟练　□ 不熟练		互评：□ 熟练　□ 不熟练		师评：□ 合格　□ 不合格		
日期：		日期：		日期：		

发动机启动困难故障诊断【评分细则】

序号	评分项	得分条件	分值	评分要求	自评	互评	师评
1	安全/7S/态度	□ 1. 能进行工位 7S 操作 □ 2. 能进行设备和工具安全检查 □ 3. 能进行车辆安全防护操作 □ 4. 能进行工具清洁、校准、存放操作 □ 5. 能进行"三不落地"操作	15	未完成 1 项扣 3 分，扣分不得超过 15 分	□ 熟练 □ 不熟练	□ 熟练 □ 不熟练	□ 合格 □ 不合格
2	专业技术能力	□ 1. 能正确确认故障现象 □ 2. 能正确检查进气系统连接情况 □ 3. 能正确检查空气滤清器工作状态 □ 4. 能正确检查火花强度 □ 5. 能正确检查防盗系统 □ 6. 能正确检查进气压力传感器工作状态	50	未完成 1 项扣 6 分，扣分不得超过 50 分	□ 熟练 □ 不熟练	□ 熟练 □ 不熟练	□ 合格 □ 不合格
3	工具及设备的使用能力	□ 1. 能正确使用故障诊断仪 □ 2. 能正确使用万用表 □ 3. 能正确使用扳手等常用工具	10	未完成 1 项扣 3 分，扣分不得超过 10 分	□ 熟练 □ 不熟练	□ 熟练 □ 不熟练	□ 合格 □ 不合格
4	资料、信息查询能力	□ 1. 能正确查询线束插接器端子含义 □ 2. 能正确使用维修手册查询资料 □ 3. 能正确记录查询资料章节及页码 □ 4. 能正确记录所需维修信息	10	未完成 1 项扣 3 分，扣分不得超过 10 分	□ 熟练 □ 不熟练	□ 熟练 □ 不熟练	□ 合格 □ 不合格
5	数据判断和分析能力	□ 1. 能判断防盗系统是否正常 □ 2. 能判断空气滤清器是否正常 □ 3. 能判断进气系统是否正常 □ 4. 能判断火花塞是否正常	10	未完成 1 项扣 3 分，扣分不得超过 10 分	□ 熟练 □ 不熟练	□ 熟练 □ 不熟练	□ 合格 □ 不合格
6	表单填写报告的撰写能力	□ 1. 字迹清晰 □ 2. 语句通顺 □ 3. 无错别字 □ 4. 无涂改 □ 5. 无抄袭	5	未完成 1 项扣 1 分，扣分不得超过 5 分	□ 熟练 □ 不熟练	□ 熟练 □ 不熟练	□ 合格 □ 不合格
总　分：							

6-3 发动机运转不良故障诊断

指导教师： 参考学时：

实训目标：

1. 能够正确认知电控发动机运转不良的故障现象，分析故障原因。
2. 能正确操作举升机、故障诊断仪、万用表等。

一、接受工作任务 成绩：

企业工作任务：

一辆大众速腾轿车出现以下两种故障现象：一是怠速不稳易熄火（指发动机能正常启动，但怠速不稳定、发抖甚至熄火）。二是怠速过高（指发动机启动后，正常怠速稳定转速过高）。请根据该故障现象分析故障原因，制定故障检修方案流程，完成发动机运转不良故障诊断与排除。

二、信息收集 成绩：

（一）发动机运转不良故障原因

（1）进气系统漏气，导致混合气过稀。

（2）燃油蒸发回收或废气再循环系统工作不正常，在怠速或加速时开度过大导致混合气过稀。

（3）燃油滤清器堵塞、燃油压力调节器损坏、油泵泵油不足导致燃油压力过低。

（4）喷油器工作不良。喷油器堵塞使喷油量过少，造成混合气过稀。

（5）空气滤清器堵塞导致进气不足。

（6）怠速调整不当或怠速调节装置工作不良。

（7）火花塞间隙不正确、积碳、漏电导致点火不良，使发动机故障不稳定。

（8）曲轴位置传感器、霍尔传感器故障或其线路损坏导致点火正时失准。

（9）空气流量计或进气压力传感器工作不良，导致混合气比例失调。

（10）个别气缸缺缸或工作不良。

（11）各气缸压力不均或过低，使发动机部分气缸不工作或运转不稳定。

（12）液温传感器或其线路故障造成信号失准，导致混合气过稀或过浓。

（13）电控发动机 ECU 故障。

（二）故障诊断流程

（1）检查各连接管路及线束插头有无松脱。如有松脱，则应连接牢靠。

（2）用真空表检查进气系统有无漏气。如有漏气，应排除。

（3）检查燃油蒸发回收系统或废气再循环系统是否漏气。如有漏气，则应检查活性炭罐电磁阀是否卡滞，废气调整阀、三通阀是否正常等。

（4）利用汽车解码器读取故障码，根据解码器显示内容进行诊断。

（5）怠速时，逐个切断各缸喷油器，检查发动机转速的下降值是否相等。如果某个缸在断油时，发动机转速基本不变，说明该缸工作不良或不工作，应检查该缸火花塞或喷油器是否有故障、喷油器或点火控制电路是否正常、该缸压力是否过低。

（6）检查怠速阀工作是否正常。拔下怠速阀接线插头，如果发动机转速无变化，说明怠速阀或控制电路有故障，应检修电路，清洗或更换怠速控制阀。

（7）利用解码器数据流功能读取电控发动机点火提前角。怠速时点火提前角一般为10°左右，随发动机转速升高应逐渐增大，如不正确，应检查曲轴位置传感器、霍尔传感器信号及连接情况。

（8）利用数据流读取液温信号。如不正常，检修冷却液温度传感器电路或更换冷却液温度传感器。

（9）用听诊器听各喷油器在怠速时的工作声音。如果各缸喷油器工作声音有差异，说明各缸喷油量不相等，应清洗或更换喷油器。

（10）检查各缸高压火花。如某缸火花弱或无火，应检查点火线圈、高压线、点火控制线等。

（11）检查火花塞，检查电极是否烧蚀或积炭，火花塞间隙是否正常。

（12）检查燃油压力。怠速时燃油压力应为 250 kPa 左右，如油压过低或过高，应检查燃油供给系统。

（13）检查空气流量计或进气压力传感器工作情况。如不正常，则检修或更换空气流量计或进气压力传感器。

（14）检查气缸压力。用气缸压力表检测气缸压力，如果压力过低或各缸压力差过大，应拆检发动机。

（15）检查 ECU。如上述检查均正常，则说明发动机 ECU 故障，应更换新的发动机 ECU。

（16）故障排除后，清除故障代码。

电控燃油喷射发动机怠速不稳易熄火的故障诊断流程如下：

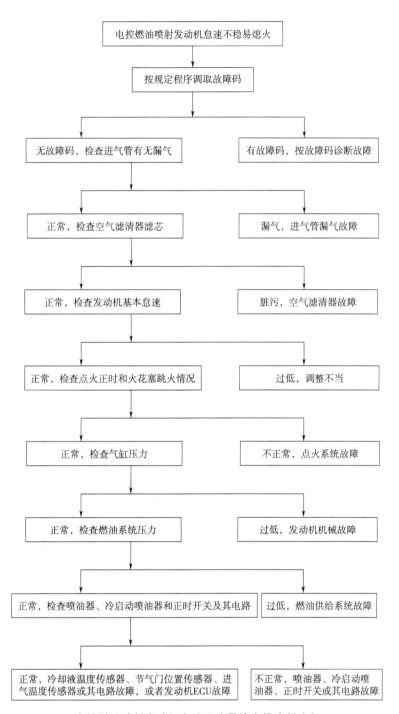

電控燃油喷射发动机怠速不稳易熄火

按规定程序调取故障码

无故障码，检查进气管有无漏气

有故障码，按故障码诊断故障

正常，检查空气滤清器滤芯

漏气，进气管漏气故障

正常，检查发动机基本怠速

脏污，空气滤清器故障

正常，检查点火正时和火花塞跳火情况

过低，调整不当

正常，检查气缸压力

不正常，点火系统故障

正常，检查燃油系统压力

过低，发动机机械故障

正常，检查喷油器、冷启动喷油器和正时开关及其电路

过低，燃油供给系统故障

正常，冷却液温度传感器、节气门位置传感器、进气温度传感器或其电路故障，或者发动机ECU故障

不正常，喷油器、冷启动喷油器、正时开关或其电路故障

电控燃油喷射发动机怠速不稳易熄火的诊断流程

电控燃油喷射发动机怠速过高的故障诊断流程如下：

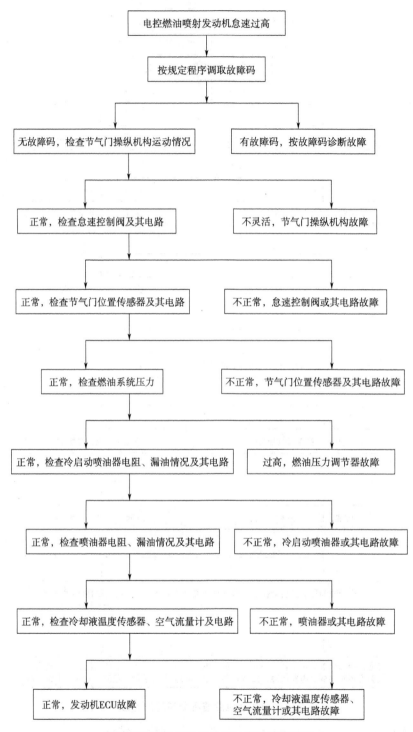

电控燃油喷射发动机怠速过高

↓

按规定程序调取故障码

↓

| 无故障码,检查节气门操纵机构运动情况 | 有故障码,按故障码诊断故障 |

| 正常,检查怠速控制阀及其电路 | 不灵活,节气门操纵机构故障 |

| 正常,检查节气门位置传感器及其电路 | 不正常,怠速控制阀或其电路故障 |

| 正常,检查燃油系统压力 | 不正常,节气门位置传感器及其电路故障 |

| 正常,检查冷启动喷油器电阻、漏油情况及其电路 | 过高,燃油压力调节器故障 |

| 正常,检查喷油器电阻、漏油情况及其电路 | 不正常,冷启动喷油器或其电路故障 |

| 正常,检查冷却液温度传感器、空气流量计及电路 | 不正常,喷油器或其电路故障 |

| 正常,发动机ECU故障 | 不正常,冷却液温度传感器、空气流量计或其电路故障 |

电控燃油喷射发动机怠速过高的诊断流程

三、制订计划   成绩：

1. 根据规范及要求，制订发动机运转不良故障诊断排除实训计划。

作业流程		
序号	作业项目	操作要点
1	维修作业前检查及车辆防护	作业前准备及车辆防护
2	车辆信息记录	注意信息准确性
3	记录故障现象	注意故障现象的全面性
4	使用故障诊断仪读取故障码、数据流	注意挡位及连接
5	分析故障原因、故障检测	注意检测点的位置
6	故障确认	试车验证
计划审核	审核意见： 签字： 年　　月　　日	

2. 请根据维修作业计划，完成小组成员任务分工。

操作人		记录员	
监护人		展示员	

作业注意事项			
（1）严格按照标准完成维修作业前准备工作。 （2）故障诊断排查坚持"安全第一"原则，严禁私自拉接线束、短路连接等违规操作。 （3）严格按照实训步骤进行实训任务，严禁使用尖锐工具暴力拆卸接插件、针脚等。 （4）爱护诊断、测量工具及设备，轻拿轻放，严禁磕碰及违规使用。			

检测设备、工具、材料			
序号	名称	数量	清点
1	实训用车速腾轿车	1辆	□已清点
2	举升机	1台	□已清点
3	灭火器	2个	□已清点
4	X431型或KT600型汽车解码器	1个	□已清点
5	数字万用表	1个	□已清点
6	燃油压力表	1个	□已清点
7	气缸压力表	1个	□已清点
8	火花塞	4个	□已清点
9	棉纱	1卷	□已清点
10	密封胶圈	4个	□已清点
11	专用工具	1套	□已清点
12	维修手册	1本	□已清点
13	钳子	1个	□已清点
14	听诊器	1个	□已清点
15	真空表	1个	□已清点

四、计划实施 成绩：

1. 利用解码器读取故障码。

读取故障码

作业内容：正确分析故障原因，正确使用解码器。

作业结果：_____。

2. 检查管路、线束连接情况。

作业内容：管路、线束连接情况是否良好。

作业结果：_____。

3. 用真空表检查进气系统有无漏气。

检查进气系统

作业内容：用真空表检查进气系统有无漏气。

作业结果：_____。

4. 检查活性炭罐电磁阀。

检查活性炭罐电磁阀

116

作业内容：检查活性炭罐电磁阀情况。

作业结果：_____。

5. 利用解码器数据流功能读取点火提前角、液温数据。

读取点火提前角、液温数据

作业内容：利用解码器数据流功能读取点火提前角、液温数据。

作业结果：_____。

6. 利用听诊器听喷油器喷油声音。

听喷油器喷油声音

作业内容：利用听诊器听喷油器喷油声音，判断喷油器情况。

作业结果：_____。

7. 检查火花塞。

间隙测量

检查火花塞

作业内容：检查火花塞间隙和工作情况。

作业结果：_____。

8. 测试油压。

测试油压

作业内容：检查油压，判断燃油泵工作情况。

作业结果：_____。

9. 检查气缸压力。

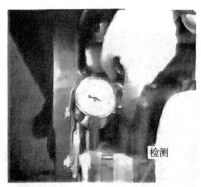

检测

检查气缸压力

作业内容：检查气缸压力是否正常。

作业结果：_____。

五、质量检查　　　　　　　　　成绩：

请实训指导教师检查本组作业结果，并针对实训过程中出现的问题提出改进措施及建议。

序号	评价标准	评价结果
1	检修前场地及设备准备的完善性	
2	正确采集故障现象及进行故障分析	
3	维修完毕，故障消除，车辆可正常启动	
4	维修完毕，恢复场地	
综合评价	☆ ☆ ☆ ☆ ☆	
综合评语		

六、评价反馈　　　　　　　　　成绩：

请根据自己在实训中的实际表现进行自我反思和自我评价。

自我反思：＿＿＿＿＿＿＿＿＿＿＿＿＿＿＿＿＿＿＿＿＿＿＿＿＿＿

＿＿＿＿＿＿＿＿＿＿＿＿＿＿＿＿＿＿＿＿＿＿＿＿＿＿＿＿＿＿＿＿

＿＿＿＿＿＿＿＿＿＿＿＿＿＿＿＿＿＿＿＿＿＿＿＿＿＿＿＿＿＿＿。

自我评价：＿＿＿＿＿＿＿＿＿＿＿＿＿＿＿＿＿＿＿＿＿＿＿＿＿＿

＿＿＿＿＿＿＿＿＿＿＿＿＿＿＿＿＿＿＿＿＿＿＿＿＿＿＿＿＿＿＿＿

＿＿＿＿＿＿＿＿＿＿＿＿＿＿＿＿＿＿＿＿＿＿＿＿＿＿＿＿＿＿＿。

发动机运转不良故障诊断

实训日期：

姓名：		班级：		学号：		
自评：□ 熟练 □ 不熟练		互评：□ 熟练 □ 不熟练		师评：□ 合格 □ 不合格		教师签名：
日期：		日期：		日期：		

发动机运转不良故障诊断【评分细则】

序号	评分项	得分条件	分值	评分要求	自评	互评	师评
1	安全/7S/态度	□ 1. 能进行工位 7S 操作 □ 2. 能进行设备和工具安全检查 □ 3. 能进行车辆安全防护操作 □ 4. 能进行工具清洁、校准、存放操作 □ 5. 能进行"三不落地"操作	15	未完成 1 项扣 3 分，扣分不得超过 15 分	□ 熟练 □ 不熟练	□ 熟练 □ 不熟练	□ 合格 □ 不合格
2	专业技术能力	□ 1. 能正确确认故障现象 □ 2. 能正确检查进气系统工作状态 □ 3. 能正确检查活性炭罐电磁阀工作状态 □ 4. 能正确检查气缸压力 □ 5. 能正确检查火花塞工作状态 □ 6. 能正确检查燃油供给系统工作状态	50	未完成 1 项扣 6 分，扣分不得超过 50 分	□ 熟练 □ 不熟练	□ 熟练 □ 不熟练	□ 合格 □ 不合格
3	工具及设备的使用能力	□ 1. 能正确使用故障诊断仪 □ 2. 能正确使用万用表 □ 3. 能正确使用扳手等常用工具	10	未完成 1 项扣 3 分，扣分不得超过 10 分	□ 熟练 □ 不熟练	□ 熟练 □ 不熟练	□ 合格 □ 不合格
4	资料、信息查询能力	□ 1. 能正确查询线束插接器端子含义 □ 2. 能正确使用维修手册查询资料 □ 3. 能正确记录查询资料章节及页码 □ 4. 能正确记录所需维修信息	10	未完成 1 项扣 3 分，扣分不得超过 10 分	□ 熟练 □ 不熟练	□ 熟练 □ 不熟练	□ 合格 □ 不合格
5	数据判断和分析能力	□ 1. 能判断气缸压力是否正常 □ 2. 能判断燃油供给系统是否正常 □ 3. 能判断进气系统是否正常 □ 4. 能判断火花塞是否正常	10	未完成 1 项扣 3 分，扣分不得超过 10 分	□ 熟练 □ 不熟练	□ 熟练 □ 不熟练	□ 合格 □ 不合格
6	表单填写报告的撰写能力	□ 1. 字迹清晰 □ 2. 语句通顺 □ 3. 无错别字 □ 4. 无涂改 □ 5. 无抄袭	5	未完成 1 项扣 1 分，扣分不得超过 5 分	□ 熟练 □ 不熟练	□ 熟练 □ 不熟练	□ 合格 □ 不合格
总 分：							